CE QUE NOUS AVONS ÉTÉ,

CE QUE NOUS SOMMES,

CE QUE NOUS POUVONS DEVENIR.

DE L'IMPRIMERIE DE LEBÈGUE,

RUE DES RATS, N° 14.

CE QUE NOUS AVONS ÉTÉ,

CE QUE NOUS SOMMES,

CE QUE NOUS POUVONS DEVENIR,

SUIVIS

D'UNE RÉFUTATION SUR LA DOCTRINE DE QUELQUES
ACADÉMICIENS QUI CONFONDENT LA THÉORIE AVEC
LA PRATIQUE.

Tout ami de sa patrie lui doit le tribut de ses
opinions, quand il croit qu'elles peuvent produire
un bien.

PAR M. GUYON DE SAULIEU.

A PARIS,

CHEZ LES MARCHANDS DE NOUVEAUTÉS.

1819.

CE QUE NOUS AVONS ÉTÉ,

CE QUE NOUS SOMMES,

CE QUE NOUS POUVONS DEVENIR,

SUIVIS

D'UNE RÉFUTATION SUR LA DOCTRINE DE QUELQUES ACADÉMICIENS QUI CONFONDENT LA THÉORIE AVEC LA PRATIQUE.

––––––––

Lorsque je publiai, il y a un an, une brochure intitulée : *Coup-d'œil sur l'Agriculture*, etc., dans laquelle se trouvent des réflexions sur la révolution et sur ses effets désastreux, ainsi qu'un projet d'institution, je me promettais bien de reprendre la plume pour donner plus d'extension à mes idées.

Une immoralité malheureusement trop générale, une vacillation funeste dans ce que nous voulons, un sot orgueil qui nous porte à nous élever au-dessus de la condition où le hasard de la naissance nous a placés : voilà les tristes résultats d'une révolution dont la secousse se fait encore sentir.

Si, d'un côté, les amis fidèles de l'ordre et de la prospérité de l'État présentent des vues pour ramener à des principes conformes à la raison, à l'instant les vétérans de cette révolution trempent leur plume dans le fiel de la satyre, tournent en ridicule les leçons de la sagesse, et, dans leurs écrits infernaux, prêchent la discorde en invoquant la *charte* dont ils réunissent le nom à celui de *liberté :* expression dont on a tant abusé depuis vingt-cinq ans, qu'il serait urgent d'en trouver une autre qui nous rendrait l'idée qu'on doit avoir de la chose.

Combattre les vues perfides de ces écrivains, démontrer jusqu'à quel point leurs écrits dangereux influent sur la morale, même des habitans de la campagne, où les beaux esprits du canton, c'est-à-dire, ceux qui savent un peu lire, ont soin d'en propager les maximes empoisonnées; prouver d'une manière irrésistible à certains académiciens que, même en agriculture, trop de science théorique n'est souvent qu'une ignorance masquée; indiquer les moyens qui peuvent rendre à la France sa gloire et sa

I

félicité passée : voilà le but que je me propose dans mon travail. Si mon talent répondait à mon zèle, je serais certain de le remplir ; mais dussé-je rester bien au-dessous de mon sujet, je l'aborde avec confiance, parce que je suis pénétré de cette vérité : *Que tout ami de sa patrie lui doit le tribut de ses opinions, quand il croit qu'elles peuvent produire un bien.*

Dans un écrit dont la politique est une des bases, il est impossible de ne pas porter ses regards sur le passé, avant d'arriver au présent : je dois donc dire un mot des causes premières de la révolution.

Voltaire, J.-J. Rousseau, et sur-tout l'abbé Raynal, la prêchèrent dans leurs OEuvres ; mais ils la prêchèrent en philosophes qui n'en prévoyaient pas les dangers. Les principes qu'ils établissaient, flattèrent l'amour propre de ces hommes qui veulent oublier que, dans l'état de civilisation, il existe une hiérarchie de pouvoirs dont on ne peut déranger l'ordre que par une secousse violente, qui nécessairement entraîne à sa suite tous les fléaux de la dissention. Notre révolution, l'ouvrage de la scélératesse en démence, en est la preuve. Dès son origine, elle fut un véritable brigandage, et non le désir, comme on cherchait à le persuader, de voir réformer quelques abus inséparables d'un grand gouvernement forcé de confier une partie de ses pouvoirs à ses subordonnés. Aussi fallut-il se servir du peuple, ponr opérer l'œuvre, non de la révolution, mais de la subversion totale d'une monarchie dont le temps avait rassemblé les rouages d'après les leçons de la sagesse et de l'expérience. (*Voyez* page 80)

En soulevant le peuple, les meneurs de cette révolution ne prévirent pas qu'ils se donnaient un maître, d'autant plus à craindre, qu'aucune idée de ce qui constitue un gouvernement, ne peut germer chez des hommes dont les occupations journalières mettent des bornes à toutes réflexions étrangères à celles qui assurent leur existence. En leur persuadant qu'ils étaient les plus fermes soutiens de ce que l'on appelait ses droits, on remettait la destinée de tous entre leurs mains. C'était confier une arme meurtrière au sauvage, qui, ne sachant pas s'en servir, la tourne contre le premier qui se présente à ses yeux.

Le parti de ces meneurs se grossissait surtout de gens qui, n'ayant rien à perdre, avaient tout à gagner; parmi eux, cependant, il faut en convenir, se trouvèrent des hommes d'une naissance distinguée et doués de lumières profondes : il ne manquait à ceux-ci que de la probité pour être estimables.

Fouler aux pieds les lois, en faire de nouvelles, convenables à leurs projets de destruction : voilà quelles furent leurs premières occupations.

Mais jetons un crêpe funèbre sur ces temps de désolations, et n'en renouvelons pas les douleurs. Arrivons à une époque où la France eut une forme de gouvernement dont la fin n'était pas difficile à prévoir. Le trône de la première monarchie de l'univers ne pouvait être occupé que momentanément par un usurpateur. Tous les vœux des bons Français se reportaient sur leur légitime Souverain, leurs yeux étaient sans cesse fixés sur lui, et l'Europe réunie lui frayait une nouvelle route pour rentrer triomphant dans ses états.

Malheureusement, cet usurpateur a eu le temps de changer nos mœurs, nos manières et notre caractère.

Voyons-le d'abord Premier Consul, lorsqu'il eut éconduit ceux qui avaient partagé avec lui cette nouvelle dénomination. Seul dispensateur

alors des trésors de la France comme des places,
il lui fut facile de se faire un rempart d'hommes
de tout état qui proclamaient, dans la capitale
comme dans les provinces les plus reculées,
qu'il était le sauveur de la France, et que sous
ses auspices nous allions la voir se régénérer. Il
n'eut donc qu'un pas à faire du consulat au
trône. Une fois maître absolu des rênes du gouvernement, il se montra tel qu'il était. Despote
absolu, la France ne suffit pas à son ambition :
il voulut commander à l'univers, et pour le
faire avec succès, il franchit les bornes mises
jusqu'alors à la conscription. Dans les accès les
plus délirans de la révolution, on avait au
moins conservé à l'agriculture une certaine
quotité d'hommes propres aux travaux qu'elle
exige : cette précaution dictée par les besoins
toujours renaissans d'une immense popula-
tion, lui parut pusillanime; il arracha tous les
bras aux travaux des campagnes : il ne voulait que des soldats. La gloire de nos armes,
l'on ne saurait en disconvenir, a, pendant
vingt-cinq ans, jeté un nouveau lustre sur le
nom Français; mais peut-être éprouverait-on
un sentiment de douleur, si en proclamant
nos victoires, on se rappelait qu'une seule de

ses batailles était souvent le prix du sang de dix générations.

Je le laisse comme guerrier, pour ne plus le considérer que sous le rapport de sa politique.

On ne saurait être usurpateur d'un trône, si l'on n'a en soi les vertus et les qualités qui font les grands rois.

C'est ce que Bonaparte nous a prouvé. Il voulut un gouvernement monarchique, sans se douter que l'honneur est le premier ressort d'un tel gouvernement, et que ce mobile, joint à la force des lois, contient le sujet dans les devoirs qu'il a à remplir envers son souverain et la société entière.

Au reste, en s'élevant au plus haut degré de puissance, il n'avait rien perdu des vices qu'il avait contractés dans les sociétés infâmes où il avait passé les premières années de la révolution, dont les principes atroces coïncidaient tellement avec les siens, que, pour s'y livrer sans obstacle, il abandonna le corps d'artillerie auquel il avait été attaché à sa sortie de l'Ecole militaire de Brienne. Les tripots et les mauvais lieux avaient été l'honnête asile qu'il s'était choisi en arrivant à Paris; c'est là que ce *grand homme* avait appris l'art de commander aux

autres, et c'est de lui qu'on pouvait bien dire :
*Que, dans ces repaires, il avait tout appris
et rien oublié.* Qu'on juge à présent de quels
êtres un pareil personnage pouvait s'entourer ?
L'approche d'un homme vertueux l'aurait fait
pâlir. Il ne lui fallait que de vils adulateurs
soumis à toutes ses volontés. Deux histrions
formaient, à Saint-Coud, sa société intime,
lorsqu'il n'était que Consul.

Je signale ces premiers pas du *grand homme*
à la puissance suprême, pour prouver que loin
d'attendre de lui un retour aux anciennes
mœurs nationales, on ne pouvait qu'en attendre
une subversion générale. Le fait de l'usurpa-
tion est la destruction de tout ce qui fut, pour
établir un régime toujours despotique et toujours l'avant-coureur de guerres, soit civiles,
soit étrangères. Les usurpateurs ne peuvent être
que des tyrans, a dit Voltaire.

Il existait encore plusieurs classes de la société
qui s'étaient préservées du venin corrupteur
de la révolution; Bonaparte offrit de l'or et des
places : ce moyen de séduction lui réussit en
partie. Sa cour fut une bigarrure dans laquelle
se trouvait près de l'homme de la naissance
la plus abjecte, un de ces noms dont l'origine

commande le respect. Tout se ressentit de ce mépris des convenances ; tout, jusqu'aux lois de l'éducation, qui sont les premières que nous recevons. Dans les monarchies, cette première éducation consiste dans une instruction qui n'est autre chose qu'une semence préparatoire. Le monde est la véritable école où la jeunesse s'instruit de ses devoirs envers la société : « C'est là qu'on apprend, dit Montesquieu, qu'il faut mettre dans les vertus une certaine noblesse, dans les mœurs une certaine franchise, dans les manières une certaine politesse. »

Le métier de soldat, voilà tout ce que Bonaparte voulut qu'on apprît dès la première enfance : c'est au son du tambour que se fit alors l'éducation de notre brillante jeunesse. C'était étouffer le germe de toutes les vertus pour n'en inspirer que de farouches*.

L'on ne saurait considérer sans indignation

---

* Il est juste cependant de convenir que, dans le nombre de ses institutions militaires, il en est une qui mérite d'être citée comme modèle pour l'instruction de la jeunesse qui se destine, soit à l'état militaire, soit aux sciences qui y ont rapport : c'est l'École Polytechnique, basée sur notre ancienne École Militaire, mais véritablement perfectionnée.

les élémens, dont il composa son sénat, son ministère, ses tribunaux et ses diverses administrations. Je me garderai bien de rappeler les noms de ceux qui, dans ces différentes fonctions, secondèrent trop bien ses vues perverses: il m'est plus agréable de convenir que, dans ce nombre, on y trouve des hommes qui, en partie employés aujourd'hui suivant leurs talens, honorent le pays qui les a vus naître; parce que, constamment attachés à ce que le nom français leur prescrivait, ils n'avaient accepté des places que pour servir la patrie, et empêcher son entière désorganisation. Impassibles dans leurs fonctions, ils en considéraient le but utile, et lisaient dans l'avenir que leurs travaux seraient récompensés par l'accomplissement des vœux qu'ils formaient journellement pour le retour du Souverain, qui seul pouvait consoler la France de ses longs malheurs.

Ce grand avilisseur d'hommes, toujours entouré d'ames vénales et corrompues, s'étonnait de la facilité avec laquelle il enchaînait toutes les pensées : ce qui cependant n'avait rien de surprenant, puisqu'il regardait l'espionnage comme le plus ferme appui de son autorité.

Il s'était créé une armée d'espions pris dans les grandes villes et dans tous les rangs de la société ; mais c'est au milieu de la capitale qu'il fallait chercher l'espionnage le plus raffiné.

Si je suivais Bonaparte dans le cours de la trop longue époque où, maître de la France, il faisait des rois de ses *augustes* frères, et où il dictait des lois à divers cabinets de l'Europe, je ne ferais que répéter ce qui a été dit dix mille fois. Je m'arrête donc ici, puisque mon but, comme je l'ai dit au commencement de cet écrit, est de combattre les erreurs ou les vues perfides de ceux de nos publicistes qui nous ramèneraient à ces temps de désastres, s'il était possible qu'ils eussent assez de prosé-lytes pour former un parti redoutable.

Avant d'aller plus loin, examinons l'espèce de gouvernement qui convient à la France, et disons rapidement la nature de chaque gouver-nement. D'abord, proclamons une vérité que la sottise seule a pu faire oublier, et dont le principe n'est pas aussi généralement adopté qu'il devrait l'être, grâces à certains publi-cistes : c'est que l'égalité cesse du moment où les hommes se réunissent en société : elle n'existe plus entre eux que relativement aux lois qu'ils se sont créées : tous, indistinctement, ont juré tacitement d'y obéir.

On reconnaît trois modes principaux de gouvernement :

Le républicain, le despotique et le monarchique.

Dans le premier, une partie du peuple a la souveraine puissance.

Les Danton, les Robespierre, etc., nous ont appris le genre de *félicité* que la France pouvait attendre d'un tel gouvernement.

Le terrible essai que nous avons fait du gouvernement despotique sous Bonaparte, doit ôter, même à ses partisans, le désir de voir renaître un pareil régime.

Reste donc le monarchique. Ah ! réunissons-nous tous à ce mode de gouvernement, qui a fait pendant quatorze siècles la splendeur de la France. Trop heureux de ce que la Providence a bien voulu rendre à nos vœux fervens notre bon et légitime Souverain ; trop heureux de le posséder entouré de nos augustes Princes et d'une Princesse qui méritent toute notre vénération ; faisons tout pour les conserver, revenons à nos mœurs antiques, et oublions ce qui nous en a éloign !

Un état de guerre qui, pendant vingt-cinq ans n'a pas eu d'interruption, a changé la situation des esprits. Les succès obtenus ont enivré le peuple, parce qu'ils étaient son ouvrage : ils lui ont inspiré un orgueil dont il est encore imprégné.

Cet état de guerre a produit l'oisiveté et le déplacement de la majeure partie des individus. Le citadin comme l'homme des champs, devenus soldats malgré eux, ont fini par s'attacher à leur état : l'ambition s'est emparée d'eux, et le grade de général leur a paru devoir être la moindre récompense de leurs services militaires.

Aujourd'hui, le Souverain qui veut le conduire au bonheur sans lui faire traverser des flots de sang, est le seul qui soit fait pour le gouverner. C'est une vérité qu'il faut le forcer d'entendre. Eh! pourquoi se refuserait-il à s'en pénétrer? Louis XVIII, dans ses longues méditations sur ce qui pouvait assurer la tranquillité générale, a posé de son propre mouvement des bornes à son autorité : l'amour de ses peuples, voilà son unique ambition. La constitution et la charte sont le palladium qu'il a posé entre eux et lui. Quelle preuve plus éclatante de sa justice pouvait-il nous donner?

Point de monarque, point de noblesse ; point de noblesse, point de monarque : c'est la seule idée monarchique que Bonaparte ait conçue, pour qu'on ne lui appliquât pas la dénomination de despote qui lui était due par sa manière de gouverner. Aussi se créa-t-il une noblesse. Les anciens nobles ne le furent plus à ses yeux, quoiqu'il employât tous les moyens pour s'en entourer. Mais il ne les rappela pas comme tels : il leur donna de nouveaux parchemins et des titres.

Louis XVIII, conséquent dans toutes ses actions, a rendu à son ancienne noblesse son illustration ; mais il a sagement senti qu'il devait aussi conserver la nouvelle. Les uns l'avaient gagnée au prix de leur sang, les autres au prix de leurs travaux respectifs.

Si dans une monarchie il n'y avait ni prééminences, ni rangs, nécessairement rien n'y alimenterait l'ambition, passion noble quand on sait la modérer, et qui, dans ce cas, devient un pivot sur lequel l'honneur s'appuie. Elle donne la vie à ce gouvernement, et ne saurait y être dangereuse. Elle fait mouvoir toutes les parties du corps politique, les lie par son action, et fait que l'homme, chargé par son Souverain des grands intérêts qui composent sa puissance, concourt au bien général, quoique souvent la malignité se plaise à publier qu'il n'a en vue que ses intérêts particuliers; comme si contribuer à la prospérité de l'état, en lui sacrifiant ses travaux et ses veilles, n'était pas une récompense glorieuse pour celui qui a la conscience de ce qu'il vaut.

Cette ambition telle que je la peins ici, existait avant que l'esprit révolutionnaire se fût glissé jusque dans les coins les plus reculés de notre belle patrie; alors elle eut une autre direction. Des hommes impurs, étrangers à toute idée gouvernementale, s'emparèrent des rênes de l'Etat: ils en changèrent la face. Nouveaux Brutus, ils prétendirent que la France devait être régénérée; et Rome, dans ses temps de troubles et de dissentions, fut le modèle qu'ils choisirent pour opérer ce grand acte. D'abord la France leur parut trop resserrée dans ses limites. Ils voulurent l'agrandir : on avait la guerre au dedans, elle fut bientôt universelle au dehors. Voilà quel fut le fruit de leurs savantes méditations; et ce plan, dans un laps de vingt-cinq années, n'a éprouvé que peu de variations.

Oublions l'époque où le sang de notre plus

belle jeunesse a été prodigué pour satisfaire les
vues d'une ambition démesurée, et qui ne pouvait produire aucun résultat heureux pour la
France. Ne nous rappelons de cette époque que
l'idée sublime donnée à l'univers de ce que peuvent réunis l'honneur et le courage des Français, et de ce qu'ils feraient, si, aujourd'hui, ils
avaient à combattre pour la bonne cause. La
paix dont nous jouissons, doit nécessairement
renouveler l'ordre de nos idées, et nous enga-
ger à seconder de tous nos moyens les efforts de
notre auguste et légitime Souverain, pour nous
remettre, comme nous l'étions naguères, au
premier rang des nations.

Véritables modèles des peuples policés,
ne nous contentons pas de tenir le sceptre des
connaissances humaines dans les sciences et dans
les arts ; tout ce qui tient au luxe était encore
de notre ressort, parce que nous avions la con-
viction que le luxe est une des branches florissantes du commerce. Nos modernes Brutus
l'anéantirent, lorsque, voulant singer un gouvernement démocratique, ils prétendirent établir le système absurde de l'égalité. Il est vrai
que, dans les accès de leur fièvre chaude, le
partage des champs entrait dans ce système, qui

ne convenait déjà plus à ceux d'entre eux qui
s'étaient approprié une partie des fortunes dont
ils s'étaient emparés au nom de la nation. Quoi
qu'il en soit, ce système d'égalité imprimant un
sentiment de terreur à la classe opulente, ou
seulement aisée, on n'osa plus afficher de la recherche dans ses vêtemens, et en général, dans
ce qui annonce le superflu des premiers besoins.
On porta même jusqu'au ridicule, l'imitation
de l'habillement en usage parmi les gens du
peuple. Depuis cette époque, le goût de la pa-
rure s'est perdu, et nos riches manufactures
d'étoffes ne présentent plus aujourd'hui que les
tristes souvenirs de ce qu'elles étaient ; elles ne
se soutiennent que par artifice. Bonaparte, qui
ne s'entourait que de militaires, ne pouvait pas
leur rendre leur ancienne activité ; puisque l'u-
niforme était le seul habit qui pouvait flatter
sa vue.

En France, comme dans tous les grands
Etats, la Cour est le modèle sur lequel se règlent
les habitans de la capitale et des provinces. Peu-
à-peu nous revenons à nos anciennes habitudes. L'on retrouve dans nos salons cette ur-
banité française à laquelle on avait substitué
un ton décisif, contracté dans les camps, et

qui imprimait, à ce que l'on disait, un caractère de dureté, bien éloigné du véritable caractère national. Enfin, nous touchons au moment
de redevenir entièrement Français, dans les manières comme dans le costume. Il est temps de
laisser aux habitans des villes enfumées nos
toilettes rembrunies, et de reprendre le sceptre
des modes qui sont l'âme de nos grandes manufactures et par conséquent d'une partie des
richesses de l'Etat : je dis une partie, parce
que l'agriculture est sa richesse la mieux fondée.
C'est ce que je me propose de prouver dans la
suite de cet écrit.

Il faut du luxe dans une monarchie, mais un
luxe bien entendu. Prendre les marques de la
condition qui précède la sienne est vanité sotte.
Dois-je ajouter que malheureusement c'est un
des vices qui nous reste de la révolution ? Que
de gens se croient des personnages, parce qu'ils
sont habillés au-dessus de leur qualité ! Mais
s'ils s'avisent de parler, dès les premiers mots
qu'ils prononcent, le masque tombe. Sous
l'habit élégant, taillé à la russe, on reconnaît
facilement quel était leur primitif état : si l'on
veut se donner la peine d'observer la marche
du cœur humain, l'on aura bientôt le mot de

ce qui peut paraître une énigme pour beaucoup
de personnes ; je veux dire la cause subséquente
à la révolution qui alimente encore aujourd'hui
et qui perpétueroit, si l'on n'y faisait pas attention, la subversion des idées saines auxquelles
on pourrait être ramené.

Je la trouve dans les principes journellement
publiés, comme je l'ai déjà dit, par les vétérans de la révolution ; c'est toujours un système d'égalité qu'ils prêchent, mais à condition
qu'ils commanderont aux autres.

Que j'ouvre la Minerve, le nouvel Homme
Gris, les Lettres Normandes, la Boussole, etc.
etc., etc., et en général les journaux qui marchent sous le même drapeau, tous m'offrent
une suite de leçons données au Roi et à ses
ministres, par les rédacteurs de ces écrits malveillans, dont les idées, qu'ils appellent libé-
rales *, seraient beaucoup mieux désignées
par l'épithète d'anti-sociales ; puisqu'elles sont
en opposition perpétuelle avec les vues sages
d'un Monarque qui dérobe même à ses pré-

---

* Si l'on voulait trouver l'origine de l'amalgame de ces
deux mots, il faudrait la chercher dans le *Dictionnaire
de la Révolution.*

rogatives, pour rendre à la France la félicité
dont elle jouissait avant les troubles révolutionnaires. C'est faire un bien étrange abus de son
esprit que de l'employer, comme ils le font, à
semer le germe empoisonné de l'indépendance,
véritable synonime de désobéissance aux lois.
Nous vivons, disent ces écrivains, sous l'empire
de la Charte : elle nous permet d'émettre nos
pensées et nos opinions. Oui, sans doute, elle
vous le permet ; mais vous dit-elle que votre
Souverain doit adopter tous les faux systèmes
de gouvernement que vous proposez ? Vous
dit-elle, cette Charte, qu'il a rangé ses ministres
sous votre férule, et qu'il ne doivent rien dé-
cider sans vous avoir consultés auparavant ?
Commentateurs infidèles de la Constitution et
de la Charte, vous en torturez le sens, et rani-
mez, par vos écrits, le feu de la discorde à
mesure que la prudence des chefs l'éteint.

Vous allez, vous, Minerviens, jusqu'à forger
le plus impudent des romans, pour établir les
preuves des injustices ministérielles, en créant
une colonie imaginaire que vous composez de
leurs prétendues victimes. C'est au-delà des
mers que vous transportez ces êtres fantastiques.
Vous leur bâtissez ce que vous appelez *un*

champ d'asile, et vous vous établissez ici leurs caissiers. A l'appui de cette idée infernale, vous vous ménagez le moyen de publier la liste de vos véritables prosélytes, et comme si ce n'était pas assez de ce honteux triomphe, vous l'entremêlez de noms controuvés, ou même de noms connus et respectables, avec dessein de jeter un doute sur les opinions politiques de ceux qui les portent. Tous les stratagèmes, toutes les improbabilités vous conviennent pour grossir, aux yeux des esprits faibles, le nombre de vos partisans. Vous enrôlez, sous votre bannière, des adolescens encore sur les bancs de l'école, et vous soufflez, dans ces jeunes cœurs le feu de la révolte contre ceux qui se sont voués à leur instruction. Ce qui vient de se passer dans un des principaux colléges de cette capitale, a été un triomphe pour vous. De pareilles insurrections, avez-vous osé dire, n'é-taient pas rares dans l'ancien régime. Hommes de mauvaise foi, citez-en une seule. J'en appelle à ceux qui sont sortis des bancs de l'école depuis cinquante ans : qu'ils disent s'ils ont jamais entendu parler de pareil événement. Mais comment rougiriez-vous d'avancer ce qui n'est pas, quand vous ne rougissez même pas d'intercaller dans vos rangs des enfans à la lisière? Jonglerie qui suffirait seule, si l'on n'en était pas entièrement convaincu, pour prouver que l'atelier où vous forgez vos traits empoisonnés, est le vrai champ d'asile dans lequel se trouvent les mécontens dont vous mettez le tableau sous les yeux de vos lecteurs. La liberté de publier ses idées devient entre vos mains une arme meurtrière; cette liberté qui devrait être un flambeau resplendissant à la clarté duquel viendraient s'épurer toutes les opinions, vous en étouffez la lumière. L'homme le mieux pensant regrette pour lui - même ce bienfait du Souverain, puisqu'il est obligé de le partager avec vous.

Professeurs de révolution, vos cruelles leçons ne sont que trop bien comprises par une jeunesse inexpérimentée, qui, à son tour, prétend régenter la nation.

On vous doit ce nuage d'auteurs de pamphlets qui se croyent des publicistes parce qu'ils noircissent du papier. Le matin, commis; le soir, écrivains; on trouve, dans leurs tristes productions, autant d'ignorance que de présomption, autant d'orgueil que de haine contre ceux qui leur sont supérieurs en naissance, en place ou en mérite.

Si les résultats de la diversité des opinions, promulguées par des hommes qui ont un véritable talent, ne dépassaient pas les limites de nos grandes villes, elles seraient dangereuses sans doute; mais au moins ils n'infesteraient pas la portion la plus intéressante de la nation, celle des habitans de nos campagnes. Les raisonnemens politiques font plus de mal sous le chaume qu'ils n'en font dans nos salons dorés, où se trouve l'esprit de divers partis, mais rarement en présence.

Parmi ces divers partis, il en est quatre bien distincts, désignés sous le nom d'*ultrà*-royalistes, de ministériels, de doctrinaires et d'indépendans; ce qui veut dire une anarchie dans l'opinion générale, qui pourrait en amener une en action, si l'on ne se hâtait de comprimer ceux de ces partis qui annoncent une scission entre eux et le trône.

Quand on est Français, et par conséquent ami de son pays et de son Roi, on éprouve, je n'ose dire, quel sentiment pour ceux qui, les

premiers, ont cru offenser l'oreille d'un royaliste en le nommant *ultrà*. Eh! depuis quand
est-on trop attaché à son Roi? Qu'il soit à jamais
honoré, celui de qui l'on peut dire qu'il est
ultrà-royaliste! Et faisons des vœux pour que
la nation entière ne soit plus composée que
de pareils *ultrà*.

Lors même que les royalistes auraient les
prétentions absurdes que leur supposent leurs
adversaires, il y aurait encore sottise à les
désigner par l'épithète d'*ultrà*. Leurs prétentions mal fondées n'auraient rien de commun
avec leur amour extrême pour le Souverain.

Que les ennemis du trône éprouvent les con-
vulsions de la rage, à la vue des rangs nombreux
des fidèles réunis autour de ce trône; mais
qu'ils cessent de leur prêter des intentions qu'ils
ne sauraient avoir. Leur sort est lié aux intérêts
nationaux : les biens dont on les a privés, les
priviléges accordés à l'ancienne noblesse, sont
des sacrifices auxquels ils se sont soumis depuis long-temps, puisque c'est à ce prix que
la tranquillité générale doit s'acheter. Ils ne se
souviennent plus de ce qu'ils ont possédé, de
ce qu'ils ont été ; amis fidèles de la monarchie

française, voilà le seul titre qu'ils ambitionnent
et qu'on ne peut leur refuser sans injustice. Il
fait leur véritable gloire.

Les ministériels se distinguent par une profession de foi prononcée en faveur des ministres :
mais ceux-ci ne sont-ils pas, dans presque
toutes leurs décisions, les organes des volontés
du Souverain ? Il s'ensuit que les ministériels
marchent sur les pas des royalistes, quand effectivement, dans leur attachement pour ce parti,
ils ne sont pas mûs par un vil intérêt per-
sonnel, celui d'obtenir des places en raison de
leur soumission aveugle pour ce qu'ils pro-
posent, et qui n'émane pas du prince : dans ce
cas, les ministres, avec les vues les plus droites,
peuvent errer. Partager leur erreur avec connaissance de cause, c'est prouver alors qu'on
n'est attaché ni au ministre ni au Roi.

Nous avons vu plus d'une fois, à la tribune,
des ministres, éclairés par leurs véritables amis,
rectifier les erreurs dans lesquels ils étaient
tombés : c'est alors qu'ils ont pu porter leur ju-
gement sur ceux qui se disent partisans du
ministère, et qui, n'appartenant à aucun parti,
se rangent du côté où ils croient trouver les plus
grands avantages.

Les doctrinaires s'embrouillent et embrouillent leurs lecteurs dans leur métaphysique. Ils voudraient que le peuple eût la connaissance des ressorts que le Gouvernement fait agir pour le conduire : et volontiers ils l'arracheraient à ses occupations journalières, pour qu'il passât son temps dans les gymnases, à l'effet d'y apprendre la science gouvernementale. La véritable science de la classe ouvrière est celle de l'état que chacun a embrassé. Là, doivent se borner ses connaissances, si l'on ne veut pas la rendre malheureuse. Le tisserand en conduira-t-il mieux sa navette; l'agriculteur formera-t-il des sillons plus égaux, et fera-t-il fructifier davantage ses semences, quand on leur aura donné une instruction étrangère aux travaux qui assurent leur existence?

Il me reste à parler des indépendans, épithète qui seule indiquerait l'esprit de ce parti, lors même qu'on ne verrait pas sa marche, et par conséquent le but où ils tendent. Que ces hommes aient été ou non les partisans des premières ou des dernières époques de la révolution, peu importe : toujours est-il vrai qu'ils cherchent à nous ramener à l'une de ces époques, et conséquemment à la désorganisation de la monarchie française. Au peuple seul, vous disent-ils, appartient le droit de nommer ses magistrats. Cette doctrine qui date de 1793, est le cachet de leurs perfides intentions.

C'est au nom de l'intérêt général, répètent les écrivains de ce parti, que nous désirons voir cette mesure adoptée : c'est alors seulement que nous pourrons nous croire libres. Si ces Messieurs remplaçaient les grands mots d'*intérêt général* par ceux d'*intérêt privé*, on pourrait alors leur accorder un degré de bonne foi. Car, que doit-on entendre par *intérêt général*, sinon la conciliation de tous les intérêts privés réunis en masse ?

Messieurs les indépendans ont encore une autre tactique, celle de remettre sans cesse sous les yeux les premières conquêtes de la révolution, dont *les souvenirs*, dit la Minerve, (page 550, tome IV, 51e. livraison), *sont sacrés, parce qu'ils sont le témoignage et la garantie de la liberté qui l'a commencée, et qui seule peut la terminer.* L'oubli du passé est bon, ajoute le rédacteur de l'article d'où j'ai tiré cette phrase, quand il signifie l'oubli des injures; mais non l'oubli de nos conquêtes!

Que ce rédacteur se tranquillise. Le vrai

royaliste n'oubliera jamais les premières conquêtes de la révolution ; les résultats en ont été
trop . . . . marquans, pour que
sa mémoire ne les lui retrace pas quand il porte
les yeux sur la demeure de ses rois.

L'esprit d'indépendance se propage : il nous
ramènerait insensiblement, je le répète, à l'é-
poque qui a fait tous nos malheurs. Nous
sommes sur la pente : il est temps de faire des
efforts pour rétablir l'équilibre. Puissé-je être
assez heureux pour y contribuer en soumet-
tant au Gouvernement le fruit de mes réflexions sur le premier des arts, l'agriculture,
seule véritable richesse de la France. Que les
habitans de nos campagnes ne les fuient plus,
pour venir chercher dans les villes un bien-être
imaginaire ; on n'arrive pas par enchantement
à la fortune, parce qu'on s'est fait citadin.

La France n'est pas destinée à être perpétuel-
lement livrée aux flots des passions et des
théories. Elle veut la paix au dedans, puisque
le Souverain qui la gouverne la lui a assurée au
dehors. Cette paix générale de l'intérieur, nous
sommes les maîtres de la reconquérir ; il suffit
que chacun rentre dans sa sphère et s'honore
de l'état auquel ses pères l'ont destiné, au lieu

de regarder toujours au-dessus de lui, fruit
des principes dont les élémens se trouvent dans
la révolution.

Commençons par rendre à l'agriculture les
bras qu'elle a perdus : ce premier mouvement
donné à ce qui doit le plus intéresser notre
France, pays vraiment agricole, amènera nécessairement des améliorations dans les diverses
branches de la société. L'agriculteur, récompensé du fruit de ses travaux, voudra que ses
enfans jouissent du même bonheur que lui, et
ne l'enverra plus dans les villes s'y imprégner
du poison de l'orgueil ; il sera leur instituteur.

Ici se terminent les réflexions que m'a sug-
gérées la position dans laquelle nous met la diversité des opinions en politique, et j'arrive au
but le plus important que je me suis proposé en
commençant cet écrit : celui de signaler les détracteurs des sociétés d'agriculture, de les combattre, et de les mettre dans l'obligation de convenir qu'on doit à ces sociétés des succès incon-
testables.

Il ne suffit pas d'être admis dans une réunion
de savans, pour persuader aux autres qu'on
l'est soi-même : et, parce qu'on ne conçoit pas

une proposition, il ne s'ensuit pas qu'elle n'est pas bien établie. Ce n'est pas en marchant de paradoxe en paradoxe, qu'on prouve que ce qui est, n'est pas. Une pareille manière de raisonner, quand il est question de vérités reconnues, prouve dans l'individu qui les nie, une sotte jalousie, ou des vues perfides.

En agriculture, comme dans tout ce qui tient à la physique, l'expérience fait loi : on ne nie pas l'évidence.

Quel peut donc être le but de ces prétendus savans qui mettent tous leurs soins à dénigrer les sociétés d'agriculture, et à vouloir persuader que ce qu'elles font, ne sont que des innovations qui n'amènent aucune espèce d'amélioration.

Il y a dans une telle conduite un motif plus coupable que l'orgueil : il faut être ennemi de l'ordre et de la prospérité publique, pour tenter d'étouffer la lumière que répand le flambeau de la science, et malheureusement on trouve de tels hommes répandus dans toutes les classes de la société. Conservateurs fidèles des principes révolutionnaires, ils voudraient nous y ramener. Mais, efforts inutiles : nous arracherons le masque trompeur dont ils se couvrent, et en suivant pas à pas leurs raisonnemens, nous en prouverons l'absurdité.

Faciles à reconnaître, ces hommes, mûs par divers intérêts, se glissent partout, dans les lieux publics, comme dans les salons dorés : tous visent au même but, mais par une tactique différente; et c'est par cette raison que je vais les diviser en quatre classes. Les deux premières ont des vues moins coupables : on les entend demander à quoi servent les sociétés d'agriculture ? Quels secours ont-elles rendus à cette science ? Est-ce à elles que l'on doit les découvertes qui, depuis quarante ans, lui ont fait faire en France des progrès si rapides ?

Le ton de franchise avec lequel ils font ces questions, semble exclure toute idée de jalousie de leur part, en traitant un sujet de si haute importance : mais c'est ainsi qu'on capte la bienveillance de ses auditeurs, qu'on a grand soins de choisir parmi des hommes qui n'ont point, ou qui n'ont que peu de connaissances en agriculture.

Il leur est plus facile d'affirmer que les sociétés d'agriculture n'ont rien fait qui puisse tourner à l'avantage de ce premier des arts, que de combattre ce qu'elles ont fait, en en mettant le tableau sous les yeux d'hommes en état de juger les résultats.

Eh! qu'auraient-ils à dire s'ils nommaient seulement, à leurs interlocuteurs des académiciens qui ont moisonné des lauriers dans la pratique de toutes les sciences, et pour qui rien de ce qu'ils avancent, ne peut être problématique, parce qu'ils marchent éclairés par des expériences mille fois réitérées? Qu'auraient-ils à dire s'ils nommaient des hommes connus pour être sans cesse courbés devant le grand livre de la nature, la suivant pas à pas, et ayant recueilli pour récompense de leurs travaux courageux la science, *sans erreur*, de l'économie rurale et domestique, qu'ils ont étudiées sur tous les points du Royaume, et même à l'étranger, dans tous les climats, sur toutes les variétés de terrains; puis, achevant de s'éclairer en communiquant, chaque année, à un point central, les résultats de leurs opérations? Quand on suit ainsi la carrière qu'on s'est proposé de parcourir, on est certain d'arriver au but, et les innovations ne peuvent être alors que des améliorations d'une haute importance.

Si les sociétés d'agriculture ont à se glorifier

d'avoir obtenu des succès aussi brillans pour le bien et la prospérité nationale ; elles n'ont pas moins à se féliciter et à s'enorgueillir d'avoir pu prévenir, en cela, et secondé la sollicitude du Monarque : mais constamment guidées par des vues pures et désintéressées, elles conservent la discrète pensée de n'avoir jamais eu dans leurs travaux, d'autre but que celui de l'avantage général.

Je vais rapporter ici textuellement ce que M. Caron dit des deux premières classes dont je viens de parler ; ce sera pour le lecteur une diversion, avec le peu que j'en ai dit, d'autant plus agréable, que ce savant possède plus que personne l'art d'embellir, par les grâces du style, les sujets les plus arides.

Les deux dernières classes se rencontrent dans les écrivains qui cherchent à tromper le peuple, sous le spécieux prétexte de l'instruire, et dans les mauvais sujets, habitués à vivre dans le désordre, qui sont, par tout pays, leurs fidèles interprètes.

M. Caron, membre et secrétaire perpétuel de la Société d'Agriculture et des Arts de Seine-et-Oise, correspondant de la Société Royale et Centrale de Paris et de la Société d'Agri-

culture de Boulogne-sur-Mer, professeur au collége royal de Versailles, docteur ès-sciences et lettres de l'académie de Paris, dans les comptes qu'il rend chaque année des travaux de la société, en parle ainsi :

MESSIEURS,

«Vous vous êtes imposé l'obligation de comparaître une fois tous les ans devant un tribunal éclairé et ami de la prospérité des champs, pour exposer sous ses yeux vos œuvres agricoles. C'est là que vous voulez qu'il soit présenté un tableau exact et fidèle de tout ce que vous avez fait, pour qu'on puisse vous juger avec connaissance de cause. En faisant de cette obligation un article de votre réglement, il semble que vous avez pressenti que plus d'une fois vous auriez des préventions à combattre, des attaques à repousser, des objections à réfuter. Et en effet, il n'est pas rare de rencontrer dans le monde, ou dans les salons, des agresseurs plaisans ou sérieux, armés d'épigrammes ou d'argumens à la vérité assez futiles.

« Ce n'est point précisément contre l'agriculture qu'on dirige ces actes d'hostilités; personne n'est assez dépourvu de bon sens et de pudeur, pour oser déclamer contre la principale colonne des états, contre la source fondamentale de la véritable prospérité et la mère nourricière du genre humain. Mais c'est aux sociétés d'agriculture qu'on déclare la guerre ; on en harcèle ses paisibles membres, comme s'ils couraient après les honneurs et la gloire, comme s'ils se trouvaient sur le chemin de ceux qui prétendent aux palmes tant enviées par l'ambition littéraire.

« Il faut véritablement une sorte de courage pour s'avouer membre d'une semblable société ; et qu'on juge de toute la force d'âme dont a besoin celui qui, à ce titre, joint encore celui de président, voir même celui de secrétaire perpétuel.

« On peut diviser en deux classes les adversaires de ces pacifiques et innocentes sociétés. Les uns sont de jeunes et imberbes citadins, qui, à peine sortis des bancs de l'école, et encore tout pleins des enchantemens de la poésie mythologique, ne voient, dans la campagne, que Cérès présider aux moissons, les Nymphes courir à travers les prairies, les Faunes et les Sylvains peupler les forêts, et les Naïades se

jouer dans le sein des ondes. Il faut être juste,
quand on n'en est encore que là, et qu'on n'est
pas encore sorti de la région des prestiges et
des illusions, il n'est pas facile de concevoir
que des hommes, qui font usage de leur raison,
aillent s'occuper sérieusement de mérinos, de
l'aménagement des forêts, de la multiplication
des prairies artificielles, et du défrichement des
landes. Le moyen d'échapper au superbe dé-
dain et aux épigrammes des jeunes enthou-
siastes, qui, se disant modestement les nourris-
sons et les favoris des neuf sœurs, ont déjà
célébré les bergers de l'Arcadie, l'ombre et la
fraîcheur de ses rians bocages, le doux mur-
mure des ruisseaux, le tendre ramage des
oiseaux ! Comment des oreilles si délicates, et
accoutumées au doucereux vocabulaire des
romances, des madrigaux, des pastorales, pour-
raient-elles supporter des mérinos et des dis-
cours, qui, pour tout ornement, n'ont à leur
offrir que la charrue, les engrais, la pomme de
terre, et, qui pis est, les bêtes à cornes ou à
laine ? Doit-on s'étonner que des auteurs, déjà
si célèbres, et qui ne prétendent à rien moins
qu'aux couronnes académiques, regardent en
pitié de pauvres membres de société agricoles,

qui ne prétendent à rien, qui ne demandent
rien, et n'ont à décerner que des médailles
d'encouragement à ceux qui, pour tout mérite,
fécondent les guérets et multiplient la richesse
nationale ?

« Ce ne sont pas là cependant, il faut en
convenir, nos plus redoutables adversaires. On
peut espérer du temps et de l'expérience un
peu plus de modération et de justice dans leurs
arrêts ; et nous ne nous regarderons pas comme
jugés et condamnés par eux en dernier ressort.
Quand ils auront appris d'où provient et comment se fabrique le pain dont ils se nourrissent ;
quand ils sauront combien de combinaisons
et de merveilleuses métamorphoses doit subir
le suc de raisin, avant de devenir cette liqueur
pétillante et savoureuse, qui a peut-être fait
jaillir de leur verve ce qu'ils ont produit de
moins médiocre ; alors, nous pouvons l'espérer,
ils conviendront que

« La nature, fertile en esprits excellens,
« Sait, entre les mortels, partager les talens. »

« Mais, nous avons à réfuter les objections,
ou plutôt à dissiper les doutes de personnages
plus graves et plus imposans, qui demandent

sérieusement et de bonne foi : A quoi servent
les sociétés d'agriculture ; quels services elles
ont rendus à l'art, sans contredit le plus utile à
l'homme ; si c'est de leur sein que sont sortis
les découvertes et les inventions qui, depuis
quarante ans, lui ont fait faire en France des
progrès si rapides ?

« Nous pourrions répondre, qu'on n'enten-
drait pas faire de pareilles questions chez un
peuple voisin, qui est juge compétent en pareille
matière, où les comités agricoles, considérés
et encouragés, occupent, dans l'opinion publique, le même rang que la société royale de
Londres.

« Mais nous répondrons par d'autres faits
qu'il est facile de vérifier sur notre propre ter-
ritoire : Oui, les sociétés d'agriculture peuvent à juste titre revendiquer le mérite d'avoir
contribué aux progrès de l'économie rurale
et domestique.

« Nous répondrons que les sociétés d'agriculture forment, dans chaque département,
un point central où viennent se réunir les
lumières et les conceptions de tout ce qu'il
y a de plus recommandable dans cet art pour
la théorie et la pratique ; toutes les décou-

vertes, les perfectionnemens, les améliorations y sont examinés et discutés avec la
plus sévère attention ; dans le doute, on les
soumet au creuset de l'expérience pour en
constater les avantages ou les inconvéniens. »

« Nous répondrons que ces sociétés se font
un devoir de répandre, par la voie de l'im-
pression, tout ce qui leur est démontré bon
et utile ; que telle découverte précieuse, ou
telle méthode améliorée, qui peut-être seraient
restées ensevelies dans l'oubli, pendant des
siècles, sont sans délai mises en circulation,
par leurs soins et leurs correspondances. »

« Nous répondrons que, lorsqu'il se présente des expériences un peu délicates et com-
pliquées, que la plupart des cultivateurs n'ont
ni le temps, ni les moyens d'exécuter, elles
sont confiées à des membres qui, par leur
profession et leurs connaissances personnelles,
sont les plus capables d'interroger la nature,
et de lui dérober ses secrets, pour en faire
jouir l'art agricole. »

« A qui doit-on la rapide propagation des
mérinos, la multiplication des prairies artificielles, et, par suite, la diminution toujours
croissante des jachères, la culture des meilleures

espèces en tout genre, et, surtout, la culture,
en grand, de ce précieux tubercule, qui doit,
pour toujours, faire cesser l'épouvantable fléau
de la famine ? N'est-ce pas au zèle et aux efforts
des sociétés d'agriculture ? Si, aujourd'hui, les
cultivateurs sont moins enchaînés aux vieilles
routines, moins soumis aux préjugés héréditaires ; s'ils sont en général plus éclairés sur l'art
qu'ils professent, plus disposés à accueillir tout
ce que pratiquent leurs voisins mieux instruits
et plus expérimentés, ne doivent-ils pas ce
bienfait moral à la correspondance que les
sociétés d'agriculture entretiennent avec eux,
et aux instructions fréquentes qu'elles répandent dans les campagnes ?

Peut-on croire de bonne foi que des
hommes auxquels on ne refusera pas apparemment le sens commun, se réuniraient périodiquement, et se livreraient à des travaux et à des
opérations souvent pénibles et dispendieuses,
s'ils n'étaient pas encouragés par le succès et le
résultat de leurs efforts et de leur activité ? Et
d'ailleurs, n'avons nous pas les suffrages des
cultivateurs de profession, qui reconnaissent
hautement l'heureuse influence des sociétés
agricoles, et les services qu'elles ont rendus et

qu'elles ne cessent de rendre à l'agriculture française ?

« Ce témoignage, non suspect, devrait suffire, sans doute, pour détruire toutes les préventions, et dissiper tous les doutes sur l'utiltié des sociétés d'agriculture.

« Mais nous avons à opposer aux détracteurs de nos associations une réponse bien autrement imposante, une réponse victorieuse et décisive. C'est l'encouragement, disons plus, c'est l'approbation du ministre du Roi, qui, placé dans un point de vue plus élevé, connaît mieux tout ce que l'agriculture française doit au zèle des sociétés, qui observe et suit avec intérêt l'impulsion qu'elles lui ont donnée, et qu'elles ne cessent de diriger vers le même but ; et qui, bien convaincu de tout le bien qu'elles on fait et qu'elles peuvent faire, favorise et protège leurs efforts et la persévérance de leurs travaux, pour seconder les bienfaisantes intentions du Père du peuple, pour la portion la plus intéressante de la grande famille.

« Pour ne laisser aucune ressource au doute, aux contradictions, à la critique, nous transcrirons ici la lettre qui vous a été adressée par

M. le Sous-Secrétaire d'Etat au département de l'intérieur, en date du 2 avril 1818. »

« Monsieur, j'ai reçu avec votre lettre du 9
« mars, l'exemplaire que vous avez bien voulu
« m'adresser du 17°. volume des Mémoires de
« la société d'agriculture et des Arts du dépar-
« tement de Seine-et-Oise; j'ai pris connais-
« sance de ce recueil avec beaucoup d'intérêt.
« Il offre de nouvelles preuves du zèle persé-
« vérant et éclairé dont cette estimable société
« est animée pour les progrès de la prospérité
« rurale et domestique. Je ne puis qu'applaudir
« principalement aux utiles travaux dont elle
« s'est occupée pour atténuer les fâcheux effets
« de la mauvaise récolte de 1816 : en faisant
« des recherches sur les moyens de tirer le
« meilleur parti possible des grains altérés,
« ainsi que du précieux tubercule, dont la
« culture, devenue plus générale, doit nous
« garantir désormais de toute crainte de di-
« sette ; j'ai remarqué aussi avec intérêts les
« essais faits par M. Morel de Vindé, sur la
« culture et les produits comparés de diverses
« espèces d'avoine, et les grands avantages que
« paraissent promettre deux de ces espèces,

« dont il est à désirer que la culture se répande
« généralement en France. Le blé de mai, qui
« a été l'objet de quelques essais de la part de
« quelques membres de la société, ne paraît
« pas avoir réalisé les espérances qu'on avait
« conçues, ni même constituer une espèce par-
« ticulière et distincte : il semblerait, en effet,
« résulter d'un rapport fait à la société royale
« d'agriculture de Paris, que, sous ce nom
« commun de blé de mai, on confond deux
« espèces déjà connues; savoir, la petite orge
« nue, et le blé de mars, généralement cultivé
« dans ce pays. Au reste, il convient peut-être
« de faire de nouvelles expériences pour lever
« tous les doutes à cet égard; et la société de
« Versailles jugera, je pense, que l'objet mérite
« d'occuper encore le zèle de ses membres.

« J'ai l'honneur, monsieur, de vous offrir
« l'assurance de ma considération.

« Le Sous-Secrétaire d'Etat au département
« de l'Intérieur,

Le comte CHABROL.

« D'après un aussi honorable témoignage de
satisfaction, qui nous fait assez connaître tout

ce que le Roi et ses Ministres pensent et attendent des sociétés d'agriculture ; pourrions-nous, Messieurs, ne pas redoubler de zèle et d'émulation pour répondre aux vues et aux espérances d'un gouvernement éclairé et paternel, qui sait tout ce que vaut le sol de la France, et tout ce qu'une culture perfectionnée peut ajouter à sa fécondité naturelle, pour améliorer de plus en plus le bien-être des Français? »

Je poursuis le même sujet, en rapportant ici le résultat particulier de mes travaux, dans cette partie, et on verra que je ne dois user d'aucune modestie, puisque toute la gloire de mes succès appartient aux sociétés d'agriculture, et notamment à celle de Seine-et-Oise à laquelle j'ai l'honneur d'appartenir. Quoique je puisse citer indistinctement tous ses membres pour y avoir puissamment coopéré, on me permettra de distinguer dans le nombre et de signaler ceux envers lesquels j'ai contracté encore des obligations plus importantes, en me présentant et me faisant admettre au nombre des correspondans de cette société. Reconnaissant d'en avoir été secondé particulièrement, dans toutes mes entreprises agricoles, je leur en fais ici tous mes remercîmens.

C'est au brave chevalier de La Fortelle que je dois ma présentation, en 1810, et MM. Bosc et Caron, membres de l'institut. Tous les trois ont fortement insisté, en observant la nécessité d'avoir quelqu'un dans un pays aussi mauvais et aussi peu connu que celui que j'habite.

Si j'ai réussi dans la majeure partie de mes recherches agricoles, et notamment en tout ce qui compose l'agriculture nourricière, à laquelle je devais plus spécialement m'attacher, avant d'en venir à d'autres études, toute la gloire, comme je l'ai dit, appartient aux savans de tous les ordres qui composent la société d'agriculture de Seine-et-Oise. Ce n'est que par eux, et aidé du flambeau de leurs lumières, que je suis parvenu à surmonter les difficultés sans nombre que j'ai rencontrées dans les combinaisons et méditations auxquelles j'ai naturellement été conduit par des recherches, dans lesquelles la pratique des sciences abstraites me devenait nécessaire : ce qui n'était pas une faible tâche pour moi, que la révolution avait atteint avant qu'il m'eût été possible de me livrer à des études sérieuses.

Je dois dire aussi que je me trouve placé beaucoup plus favorablement qu'aucun de mes confrères.

Les terres du pays que j'habite, se composant des plus étonnans contrastes, il en résulte que j'y étends, *en même temps*, tous mes travaux; ce qui me met dans le cas de faire des comparaisons sur les résultats. D'un côté se trouve une température très-irrégulière, comme étant le point le plus élevé de la Bourgogne, traversé d'un grand nombre de chaînes de montagnes, en majeure partie garnies de bois, des rivières, ruisseaux, étangs, marais, etc. ; et par conséquent, la partie la plus froide du royaume, quoique placée au milieu de la France : ce pays s'appèle Morvan.

Je crois devoir me dispenser de rappeler les avantages qui résulteraient, en adoptant l'institution que j'ai proposée l'année dernière, dans un petit ouvrage que j'ai publié, et dans lequel se trouve aussi démontré les vices d'organisations qui subsistent dans le mode en vigueur, et qui s'opposent à ce que l'on puisse jamais en espérer les améliorations et les productions, que l'on serait alors en droit d'attendre de cette institution. Les détails suivans le rendront sensible, et à portée de tous les esprits.

PLAN ORGANIQUE

De l'Institution d'Agriculture.

L'agriculture est instituée en France.

Le Roi en est le protecteur.

L'objet de l'institution est de rendre au premier art de la civilisation sa dignité primitive, de faire des cultivateurs une classe distinguée dans l'Etat, et prospérer leurs travaux par des récoltes progressivement surabondantes.

L'institution de l'agriculture est dans les attributions du ministre de l'intérieur.

Les préfets sont chargés d'en être les principaux organes dans les départemens, de correspondre en conséquence avec les sous-préfets, et les maires, à l'effet de faire parvenir à chaque commune et à chaque cultivateur les instructions nécessaires pour l'amélioration et le perfectionnement de l'agriculture, d'en communiquer les progrès et les obstacles au ministre chargé d'encourager les uns, et de lever les autres par de nouvelles instructions.

Les instructions auront principalement pour objet 1° la perfection de la culture, quant aux terrains qui produisent constamment de bonnes récoltes, en ajoutant à l'usage suivi par les cultivateurs les moyens d'un surcroît d'abondance; 2° le mode le meilleur à chaque espèce d'autres fonds dont la fécondité et la presque stérilité sont également accidentelles; 3° le défrichement des terrains vagues et la désignation des céréales, des semences propres aux prairies artificielles, et des essences de bois qu'il s'agira de choisir pour approprier à la vertu particulière de chaque défrichement; 4° la culture et la transplantation des arbres, arbrisseaux, etc., tant pour en hâter la végétation, que pour en assurer le développement le plus entier et le plus parfait; 5° l'éducation propre à chaque espèce de bétail nécessaire à l'exploitation rurale, ou qui en est un accessoire productif; 6° et les principaux spécifiques, pour en prévenir les maladies ou faire cesser les contagions.

Pour qu'il puisse être décidé, au ministère, à quels terrains devront être appliqués les modes qui leur sont respectivement propres, ainsi que les semences et les bois qui devront y être diversement appropriés, chaque maire est chargé de faire analyser chaque espèce de terrain vague et en état de culture, leur exposisition, capacité du sol en terre végétale, etc., et faire parvenir chacun de ces résultats au ministre par MM. les préfets, avec la précaution de désigner, au moins approximativement, la quantité de chacun des sols analysés.

A mesure que ces renseignemens parviendront au ministère, chaque espèce de terrain sera classé, pour n'en faire qu'une seule série indiquée sous le n° particulier; le mode correspondant sera aussi classé sous le même n°, ainsi que les productions auxquelles chaque série sera propre.

De cette manière la culture spéciale et les productions déterminées pour chaque terrain, seront transmises à toutes les communes du royaume, par des communications aussi promptes qu'efficaces.

Pour faciliter les novations qui ne se trouveraient pas à la portée de tous les esprits, le plus intelligent des cultivateurs de chaque bourg, village ou hameau, sera chargé de faire les expériences en petit, des diverses espèces de plantes herbacées, ligneuses, etc., qui auront été déterminées au ministère, d'après la variété des terres qu'il aura à cultiver (le gouvernement fera les avances des graines pour ces essais);

ce cultivateur en fera comprendre le résultat à ses concitoyens, professant l'agriculture. Il en sera nommé le syndic, et fera en sorte de les rassembler tous les jours de féries pour conférer sur les premières expériences, et recevoir de chacun les moyens de perfection qu'il pourrait avoir à proposer.

Tous les ans, il y aura un jour consacré à la fête des agriculteurs ; ce jour est fixé au 8 septembre (la nativité de Notre-Dame.)

Celui des cultivateurs qui aura fait le plus de progrès, sera couronné d'épis, entrelacés de lauriers et de chêne : le premier qui aura été couronné trois fois, aura droit à une décoration que déterminera le Roi, sur le rapport du ministre.

Chaque cultivateur portera, au chapeau, un bout de ruban vert apparent, pour le faire distinguer partout où il pourra circuler en France.

Tel est le plan auquel il convient de se borner dans la crise actuelle des finances : dans des circonstances plus florissantes, il sera nommé des inspecteurs, pour donner la dernière main à la prospérité de l'institution, désigner ceux des cultivateurs qui mériteront des

encouragemens et des récompenses honori-
fiques, etc., etc.,

Alors, sans être obligé à des dépenses, à des
constructions, déplacemens, etc., et sans mettre
les cultivateurs dans l'obligation d'acquérir
d'autre connaissance que celle qui leur est
propre, et qui sera déterminée, d'après l'espèce
de terre qu'ils auront à cultiver ; on désignera
l'un d'entr'eux avec lequel ils seront en rapport
familier, et à qui ils pourront faire des questions
lorsqu'ils auront des doutes à proposer. Ils
feront quelques essais en petit qu'ils augmen-
teront successivement : ce cultivateur leur par-
lera un langage qu'ils entendent et qu'ils comprennent ; il les prêchera d'exemple, lèvera
toute espèce de difficulté, et transmettra ainsi,
d'une manière prompte et facile, ses propres
connaissances en agriculture.

Ce mode d'instruction bien simple est le
seul qu'on doive adopter pour mettre les cultivateurs en état d'améliorer, d'une manière
très-sensible et progressive, les terres qu'ils auront à travailler.

Il est absurde de supposer que les habitans
de la campagne se déplaceront pour étendre
leurs connaissances ; ils n'en ont ni l'intention
ni les moyens.

Malgré que je croye avoir prévenu toutes ces difficultés dans l'institution que je propose, si les maires n'avaient pas encore l'attention particulière de faire tomber, de préférence, le choix sur un cultivateur des plus intelligens, et qui soit en tout le plus conforme à ceux qu'il doit instruire, c'est-à-dire, ne savoir ni lire, ni écrire, on courrait la chance très - certaine d'éloigner de beaucoup les progrès et la propagation de cette science.

Le brave et digne abbé Herbin, aussi prudent qu'éclairé, et qui m'a dirigé dans cette partie, m'a souvent parlé du peu de succès qu'il avait obtenu, en parcourant le midi, par ordre et aux frais du Gouvernement, pour y faire adopter l'usage des prairies artificielles; des précautions et des soins minutieux qu'il avait été obligé d'user pour approcher et chercher à se faire entendre des cultivateurs auxquels il allait offrir de nouveaux moyens de prospérité, etc., etc. Je dois dire ici, à sa gloire, qu'outre les profondes connaissances qu'il possédait en tout genre, il avait fait une étude particulière de l'homme, en saisissait promptement le caractère, et était par conséquent plus que tout autre à même de persuader ceux qu'il

voulait convaincre, sans en excepter même
les gens les plus ineptes : hé bien ! malgré tous
ces avantages réunis sur un seul individu,
M. Herbin, dans ce voyage, n'a fait qu'un seul
prosélyte, qui était un riche propriétaire du
Lauguedoc, et qui a bien voulu accepter de
correspondre avec lui, pour l'informer des
succès qu'il obtiendrait, comme des difficultés
qu'il pourrait rencontrer, afin qu'il lui indi-
quât les moyens de les lever. J'ai vu cette correspondance : elle ne contient que des félici-
tations, des remercîmens sans bornes, l'exal-
tation et l'admiration de celui-ci, en rapelant
les traces impérissables de son bienfaiteur ! Je
n'en aurais pas moins à dire, pour mon compte,
en parlant de ce vénérable abbé. Depuis, j'ai
souvent été à même de vérifier et me convaincre
de ces difficultés, en cherchant aussi à faire
adopter, à des cultivateurs mes voisins, soit par
l'exemple, soit par le raisonnement, une meil-
leure manière de tirer parti de leurs terres,
sans augmenter les frais, en tirer un plus grand
produit, supprimer les jachères et fertiliser en
même temps le sol, par l'augmentation du
fumier provenant des fourrages, que l'on récolte
alors sur les terres en repos, et consommé par

un plus grand nombre d'élèves, que l'on est à même de faire en tout genre.

Je suis bien parvenu à leur démontrer tous ces avantages dans des terres semblables aux leurs, même climat, même exposition, etc., rendre hommage directement et indirectement à l'efficacité de mes moyens; dans cet état de choses, et après encore m'avoir souvent interrogé, pour éclaircir leurs doutes, leurs recommander d'essayer en petit, et augmenter progressivement en grand, suivant que la chose leur paraîtrait avantageuse, leur offrir des grains pour commencer, etc., croirait-on malgré toutes ces attentions, qu'ils en sont encore à leur ancienne méthode?

Si on me demande pourquoi on n'a pas éprouvé, dans le voisinage de la capitale et en quelques autres lieux, les mêmes obstacles?

Je répondrai, que ceux qui cultivent, dans le voisinage de la capitale, ont reçu presque tous plus ou moins d'instruction; qu'ils ont été invité et ont assisté aux séances publiques des sociétés d'agriculture; qu'ils ont entendu le résultat de divers travaux, dans cette partie, après chaque année, par divers membres, associés et correspondans, et répartis sur tous les points du royaume, dans l'étranger et même jusqu'aux Indes ; que tous travaillent, et *à-la-fois*, dans tous les climats, variétés de terrain, etc. Je répondrai que ces mêmes hommes, interrogés et consultés par leurs camarades, sur les divers procédés qu'ils venaient d'entendre, leur en ont rendu compte ; qu'alors, ceux-ci, animés du désir d'être à leur tour témoins de ces séances, y ont assisté, et que, par suite, plusieurs d'entre eux ont demandé à être agrégés au nombre des sociétés.

C'est ainsi qu'ils ont pu propager de proche en proche les améliorations qu'ils ont obtenues.

Il faut cependant convenir qu'on n'est pas encore parvenu au degré de perfection auquel on a droit d'atteindre par une méthode d'instruction convenable à l'homme le plus intelligent, comme à celui dont l'organisation n'est pas aussi parfaite.

Je crois, et j'en ai la certitude, leur avoir fourni, dans la brochure que j'ai publiée l'année dernière, un meilleur mode de culture. La sanction donnée à ce mode par la société d'agriculture à laquelle j'ai l'honneur d'appartenir, et les cultivateurs distingués de la banlieue, m'autorise à parler ainsi.

Les divers autres pays, où on peut remarquer l'usage de quelques nouveaux procédés, se distinguent, sans mélange, pour ne contenir que les terres les plus accomplies du royaume, et précisément celles qui doivent le moins fixer notre attention, puisqu'elles ont déjà assez de perfection de leur propre nature, pour mettre à même celui qui les cultive d'en tirer, à très-peu-près, tel parti qu'il jugera à propos : mais ce sont les autres, et qui comprennent les deux tiers de celles que l'on cultive, ainsi que les friches de quelque nature qu'elles soient, et que l'on regarde maladroitement comme impies et sauvages, qui réclament toute notre sollicitude et notre attention la plus scrupuleuse, pour en tirer le meilleur parti, sans que les dépenses puissent jamais excéder les bénéfices, comme cela s'est pratiqué, faut-il dire, jusqu'à présent.

Les cultivateurs et propriétaires entreprenant qui habitent ces lieux, ont souvent fait et répété des essais, afin d'introduire et propager les nouveaux moyens en usage chez leurs voisins ; soit qu'ils aient été trompés, ou qu'ils se soient trompés eux-mêmes sur la qualité et le choix des graines qu'ils ont employées,

par la différence du climat, essence de terre, etc.,
ils ont presque toujours été frustrés dans leur
attente, et livrés à la dérision des ignorans et des
ennemis de l'ordre public, de fondation, et
constamment prêts, les uns à blâmer ce qu'ils
ne connaissent pas ; les autres, intéressés à ne
pas laisser connaître : moyens mille fois plus
préjudiciables et sensibles sur les gens faibles,
que les dépenses qu'ils consacrent à ces essais,
et auxquels on ne peut cependant voir, pour
toute imperfection, qu'une innocente et modeste
utilité !

C'est du moins là l'objection qui m'a toujours
été faite, lorsque j'ai pressé les cultivateurs,
mes voisins, à substituer, à leur routine, un
nouveau mode de culture. L'homme, qui n'est
pas précisément dans leur sphère, et que sa
naissance ou sa fortune place au-dessus d'eux,
leur inspire de la méfiance : quoi qu'ils soient
convaincus que cet homme en sait plus qu'eux,
ils préfèrent l'instruction de celui qui, attaché
comme eux à la glèbe, ne sait ni lire, ni écrire,
mais cultive la terre de père en fils.

Leurs raisons, pour ne pas suivre les erre-
mens que leur donne l'homme qu'ils voient
au-dessus d'eux, c'est qu'après qu'il leur aurait

transmis tous les éclaircissemens que l'on ju-
gerait devoir leur être utiles, l'on pourrait
cependant omettre quelque chose, ce qui les
jetterait dans un embarras dont il leur serait
impossible de se tirer, n'ayant aucune espèce
d'instruction ; et alors ils allèguent l'exemple de
quelques-uns de leurs confrères, qui avaient
été victimes en semblables entreprises ; qu'ils
avaient la certitude, par plusieurs exemples
recueillis, que tous ceux qui savent lire ont des
secrets qu'ils ne veulent pas mettre à leur
portée ; qu'ils auraient bien actuellement la
garantie d'un succès complet, tant que je reste-
rais près d'eux pour les diriger ; mais qu'en
m'éloignant, les variations atmosphériques, ou
toute autre cause, qu'ils ne pouvaient expli-
quer, les exposeraient à des chances, et peut-
être à des regrets, qu'ils ne pouvaient et ne
voulaient pas courir.

Ce n'est, je pense, qu'en se rapprochant des
gens, cherchant à se mettre à leur portée, les
questionnant dans toutes les parties sur lesquelles ils peuvent éclairer nos doutes, et les
entendant raisonner, que l'on peut être à même
alors de tirer des conséquences de remarques
très-judicieuses, en tout ou en partie, quoique

souvent blâmées par des personnes qui ne les examinent pas assez pour en apercevoir tout le mérite, d'après leurs diverses analogies, en tirer telle conséquence, et par suite tel avantage qu'elles peuvent présenter, que l'on est et que l'on se trouve naturellement conduit alors à connaître et déterminer aussi le régime le plus convenable aux mœurs, aux habitudes et à la fantaisie des gens que l'on veut éclairer.

Voilà l'expérience et les bases sur lesquelles j'ai fondé l'institution que je propose de donner à l'agriculture.

En 1816, j'ai présenté un Mémoire au ministre de l'Intérieur, qui avait pour objet, la formation d'un haras dans le Morvan, et que j'ai remis directement à M. Béquey, sous-secrétaire d'État alors.

J'ai renouvelé l'année dernière la même demande avec de nouveaux développemens d'améliorations en général dans cette partie.

Plusieurs personnes de la capitale qui ont sur cette partie des connaissances pratiques, ont approuvé les améliorations. Le conseil général de mon département (Côte-d'Or) vient de confirmer cette demande en la répétant, dans sa délibération de 1818, et renvoyant, pour le mode d'exécution, à celui que j'ai présenté à Son Exc. le Ministre de l'intérieur, le 27 mars dernier, par plusieurs députations intéressées à la voir réussir. Ceux de MM. les députés qui avaient le plus de connaissances et d'expériences, comme amateurs, et par les élèves qu'ils font habituellement dans ce pays, et principalement MM. les marquis de Ganay, Pracoutal et Doria, se sont empressés d'en parler au Ministre et à M. le comte de Chabrol, avec qui ils ont eu plusieurs conférences à ce sujet. Instruit qu'on allait s'en occuper, et qu'ils avaient été invités à donner leurs observations particulières en marge du mémoire, j'ai cru alors de mon devoir, d'en instruire M. Béquey, qui avait reçu le premier ce Mémoire. J'ai eu l'honneur de lui écrire le 20 mai 1818, et le 9 juin du mois suivant, j'en ai reçu cette réponse :

« Monsieur, j'ai reçu la lettre que vous m'a-
« vez fait l'honneur de m'écrire le 20 mai der-
« nier, relativement à votre projet pour l'éta-
« blissement d'un haras dans le Morvan.

« Je me rappèle très-bien que, lorsque j'étais
« sous-secrétaire d'État de l'intérieur, ce projet
« m'avait paru digne d'une attention particu-

« lière : mais M. le comte de Chabrol m'ayant
« succédé dans ces fonctions, c'est à lui main-
« tenant à l'examiner et à lui donner la suite
« qui lui paraîtra convenable. Du reste, vous
« pouvez croire, Monsieur, que je lui en par-
« lerai volontiers. L'intérêt que MM. les dé-
« putés paraissent prendre à l'établissement
« d'un haras dans le Morvan, est une présomp-
« tion de plus en sa faveur. »

Le Conseiller-d'Etat, directeur général
des ponts-et-chaussées et des mines.

BÉQUEY.

Pour ne laisser aucune ressource aux détracteurs des sociétés d'agriculture, sur le résultat de leurs occupations, je transcrirai encore
une lettre de M. Sailler, maître des requêtes,
adressée à M. Béquey, sous-secrétaire d'État
alors, et chargé de cette partie.

« Monsieur, M. Guyon m'a communiqué
« un Mémoire dans lequel il propose l'établis-
« sement d'un haras dans la partie de l'ancienne
« Bourgogne appelée Morvan. Connaissant
« parfaitement ce pays près duquel sont situées
« mes propriétés, je puis, Monsieur, vous

« rendre témoignage que nulle part un haras
« ne peut être mieux placé, et qu'il serait d'un
« grand intérêt pour l'État, de relever l'an-
« cienne race de chevaux Morvandaux singu-
« lièrement estimée. Cette considération me
« semble de nature à appeler l'attention sérieuse
« du Gouvernement sur cet objet. Je prends
« donc la liberté de vous inviter, Monsieur, à
« vous en faire rendre compte.

SAILLER.

Paris, le 30 décembre 1816.

Il leur reste, sans doute, à objecter que ce
n'est pas le moment d'augmenter les charges du
Gouvernement par la formation d'un nouvel
établissement, bien qu'il dût produire des avantages, puisqu'on cherche les moyens de les al-
léger? Ils seront dispensés désormais de semblables réflexions, quand ils sauront que les
améliorations que j'ai présentées et que je propose, sont calculées sur nos moyens physiques,
moraux et pécuniers, et d'après notre sol et
notre climat, et non d'après ce qui appartient,
et ce que peuvent faire nos voisins.

Mais un nouvel ordre de choses me met
dans le cas de recourir à une autre ministre,

qui ne doit pas moins me donner l'espoir de
voir réaliser ma demande (d'un haras pour le
Morvan), puisque son début a été signalé par
un appel aux personnes les plus recommandables
par leurs connaissances en agriculture,
en commerce et en manufactures, etc. Le but
de cette réunion était de connaître les modes
d'améliorations *de ces parties importantes de
la prospérité publique*; seul et vrai moyen
d'imposer enfin silence à ces tristes théoriciens
qui depuis 3o ans raisonnent sur un art (l'agriculture)
dont ils ne connaissent pas les premiers
élémens, et qui croient qu'on gouverne
la terre comme ils gouvernent la caisse de fleurs
qu'ils ont sur leur fenêtre. Si parmi eux il s'en
trouve qui aient véritablement de la science,
alors, volontairement coupables, je laisse à l'opinion
publique à les juger. « J'aime mieux entretenir
mes lecteurs du récit d'une amélioration
que M. le comte de Virieux, qui habite
dans mon voisinage, me proposa l'été dernier
d'essayer : c'était de convertir en chaux des
pierres qui se trouvent amassées en tas depuis
des siècles, et qui occupent, dans une grande
partie de ce pays, moitié de la superficie du terrain.
J'acceptai d'abord, en lui observant que

nous serions bien plus à même de nous rendre
compte de cet essai, malgré que nous fussions
parfaitement convaincus l'un et l'autre, à l'ins-
pection des pierres, qu'elles étaient calcaires,
en prenant au préalable des renseignemens que
je pouvais me procurer près des chaufourniers
qui me diraient, à quel signe ils reconnaissent
que la chaux est ou non assez cuite, de quelle
manière il faut commencer le feu, l'entretenir,
le finir, etc. M. le Comte, en homme sage et qui
sait, par expérience, tout ce que vaut l'avis de
celui qui s'occupe spécialement des choses,
trouva ma réflexion juste. Après avoir recueilli
des chaufourniers tout ce qui pouvait me servir
dans cette circonstance, je retournai, trois mois
après, mettre à exécution notre projet, qui nous
a donné les résultats les plus satisfaisans, en
nous démontrant que toutes ces pierres peuvent donner, indistinctement, de la très-bonne
chaux blanche.

Il est facile de faire apercevoir l'avantage que
produira l'introduction de cette novation dans
ce pays, d'abord, par la vente de cette pierre
convertie en chaux et dans le voisinage d'une
ville, pour servir aux constructions et répara-
tions que le seigneur fait faire chaque année et

le surplus servira à fertiliser les champs et les
prés, comme engrais le plus accompli, employé
à propos *, et ce qui ne sera certainement pas
à dédaigner, dans un pays surtout qui ne donne
que du froment, c'est lors qu'on jouira véritablement d'un terrain, dont on était privé
avant d'avoir métamorphosé ces pierres en engrais.

Les habitans, qui sont assez fortunés pour

---

* Pour en user à propos, il suffit d'avoir le soin de
distinguer les terres auxquelles on le destine, en établissant cette différence, qui est, de ne s'en servir, sur les
terrains gras, froids, ou humides, qu'au printemps, et
sur les autres, un mois avant que cette saison ne com-
mence : les terres réservées pour produire les mars, le
recevront en même temps que la semence pour y être
également enfoui. Dans les uns et les autres de ces cas,
il resterait encore assez d'humidité, soit dessus la terre,
ou dans son sein, pour prévenir les désordres qu'occa-
sionneraient les chaleurs, si elles venaient s'associer à
la causticité des sels, que la chaux (le plâtre de même)
contiennent, avant que l'humidité n'en ait émoussé les
premiers effets. C'est en négligeant ces soins, qui ne
coûtent que de l'attention, que l'on est souvent trompé
dans son attente, et on jette la faute sur cette sorte d'engrais, en disant qu'il est contraire aux terres que l'on
cultive, etc.

posséder dans leurs contrées des seigneurs qui savent, comme M. le comte de *Virieux*, allier les agrémens d'un homme du monde avec la science des travaux agricoles, doivent remercier tous les jours la Providence, d'une aussi grande faveur, et bénir celui qui leur trace le chemin où ils doivent trouver la juste récompense de leurs travaux.

Je rends justice à ceux qui environnent M. le comte ; un seul trait de leur part va le démontrer. On connaît l'arme meurtrière dont les malveillans se sont servi, entre les mains du peuple, avec tant de succès, contre les seigneurs et le renversement de toutes institutions sociales : eh bien ! la même arme a servi, au contraire, à ces habitans, à donner une nouvelle preuve de leur fidélité à leur seigneur, en démontrant combien ils le révèrent et ont de confiance en lui. Cette arme, comme on le sait, est de la fabrique des droits féodaux.

M. le comte, en rentrant en France, a trouvé parmi les débris de sa fortune un four démoli, connu autrefois sous le nom de four banal. Les habitans de ce village ont demandé à leur seigneur, avec tant d'instance, de le faire relever, que M. le comte, qui ne sait pas re-

fuser quand il croit obliger, l'a fait faire assez
contre son gré, craignant de porter encore
ombrage aux méchans. Ces villageois se sont
imposé d'un mouvement spontané, et acquittent
les mêmes charges auxquelles ce four les assu-
jettissait anciennement. A l'époque des cent
jours, défendu par ceux qui l'avaient demandé,
personne n'a été assez osé pour l'abattre ; il
substite encore sur le même mode de ba-
nalité.

M. le comte peut bien dire, comme le célèbre *Dupont* de Nemours, à l'occasion des
améliorations durables qu'il avait introduites
dans la culture du Gatinois : « Il est doux de
« penser que, dans plusieurs siècles, des gens
« qui n'auront aucune idée de nos occupations,
« goûteront de plus douces jouissances, parce
« que nous n'aurons pas négligé un travail qui
« est aujourd'hui à notre portée. L'âme est
« heureuse en s'associant, pour ainsi dire, à
« la générosité paternelle du Créateur, qui
« répand les bienfaits et qui se cache : tel est
« M. le comte de Virieux. »

Puisse-t-il jouir long-temps de la reconnaissance qu'il a justement méritée de la part de
ceux qu'il a comblés de biens, en leur dévoilant

le secret de faire valoir des terres qu'ils négli-
geaient. Ces connaissances données par M. de
Virieux font le désespoir des uns, et l'admiration de tous les hommes de bien.

J'aurais à retracer le même tableau, pour
donner une idée exacte de tout le bien que
M. le comte *Charles de Damas* répand aussi
dans nos contrées. Je dois également aller au
printemps prochain le seconder, pour des améliorations qu'il ne cesse de faire chaque année.

Dans le nombre de mes recherches, je suis
parvenu à obtenir la composition d'une sève
qui, aussitôt appliquée sur les racines, réunit
aux avantages de la sève naturelle, ceux de
déterminer soudain une pousse très-vigoureuse
de racines et de tiges, sans aucun travail préparatoire, et indistinctement pendant les saisons
du printemps, de l'été et de l'automne, pour
peu qu'à cette dernière époque le soleil ait encore assez de force. Je puis par ce moyen ra-
jeunir les arbres de toute espèce et de tout âge,
soit en les déplaçant ou autrement, et boiser,
ainsi avec grand succès (par la transplantation)
les terrains connus pour être des plus mauvais
du royaume : je puis déterminer autant de
pousse, sur le même sujet, que je le veux dans

l'année, quoique dans l'ordre naturel il n'y en ait que deux.

J'ai varié, et poussé un peu loin ces essais l'année dernière. Des arbres de vingt à trente ans, ont été déplacés cinq à six fois portant des fleurs, ensuite des fruits, qui ont parfaitement mûri. Ces arbres ont donné de nouveau des fleurs et de seconds froids, qui n'ont fait que se nouer, les froids les ayant surpris dans ce moment. Dans ces deux circonstances, ce manége leur a été si peu défavorable, qu'ils ont fini au contraire par s'y accoutumer, et si bien accoutumer, que l'un des plus vigoureux, (qui est un pommier) que j'ai fait placer devant un pignon, pour l'abriter du nord, et après avoir éprouvé les effets de cinq à six fortes nuits des promières gelées, traverse l'hiver avec ses feuilles aussi vertes dans ce moment qu'au printemps. On doit se rappeler, d'après l'aperçu topographique, que j'ai donné précédemment de mon pays, qu'il est très-froid : le mois de décembre dernier a été des plus rigoureux ; ses premiers bienfaits ont été remarqués, par la quantité de givres dont il a chargé les arbres jusqu'à les faire casser et de l'y maintenir, jour et nuit, jusqu'à son déclin : ce pommier en a été garanti, seulement, par un paillasson que l'on dresse devant, et que le jardinier qui y donne ses soins, ne retire momentanément, que les jours où il fait du soleil.

Point de doute, alors, que la sève préparée ait encore beaucoup plus de vertus que la sève naturelle, qui ne dépasse jamais le vœu de la nature, en subissant successivement les divers changemens que chaque saison amène.

Je dois rassurer d'avance (en attendant que je puisse faire connaître tous les détails) les personnes qui pourraient supposer que le prix d'une sève aussi précieuse, qui doit encore ajouter à tant de bienfaits, celui de nous fournir les moyens de réparer le préjudice notable, que le fléau des gelées tardives, apporte périodiquement sur la vigne, en nous donnant spontanément une autre vendange, égale à celle que nous aurions eue sans cet accident ; pour que le prix, dis-je, puisse être d'aucune manière en rapport avec les services que nous en retirerons ! La composition de cette sève se fait et se trouve, pour ainsi-dire, partout où l'on veut opérer.

Mes recherches pour la culture des céréales et des prairies artificielles dans les mauvaises terres, ont été couronnées des mêmes succès

ce qui m'a mis alors dans une position à faire
beaucoup de réflexions, qui m'ont éloigné de
ma partie, et m'ont conduit à la recherche des
moyens, qui pourraient mettre un terme à ce
déplorable état d'anxiété du laboureur, livré
éternellement à des variantes, vraiment décou-
rageantes, qui entraînent sa ruine, ou l'entretiennent dans un tel état de médiocrité, au lieu
d'être récompensé en raison de la peine qu'il se
donne, qu'il reste constamment réduit à mau-
dir son sort. Ces funestes résultats, font que les
jeunes gens désertent les campagnes, et ce sont
eux cependant qui sont les plus aptes à en faire
fructifier les travaux. Ils se retirent dans les
villes, et renonçant à l'agriculture, ils se jettent
dans tous les autres états, établissent par conséquent une concurrence, plus nuisible qu'on
ne le croit, puisqu'elle est la source de presque
toutes les banqueroutes et de la ruine de tous.
Pour subvenir à tant de désordres, j'ai donc
été dans la nécessité de calculer un plan de
finance ; (je n'aurai pas l'indiscrétion de le rendre public, mais je le communiquerai aux ministres de Sa Majesté, aussitôt que Leurs Ex-
cellences le voudront) : il réunit, à l'avantage
de ne plus exposer les laboureurs à toutes ces

chances, ceux de fournir les moyens d'acquitter
prochainement les dettes de l'État, d'empêcher
la vente de ses bois, d'attacher le peuple au
trône, par un intérêt général et justement répartis, d'étendre son commerce et de le rendre
le plus florissant du monde.

Pour atteindre le but que je me suis proposé dans cet ouvrage, il me reste maintenant
à parler de ce que nous pourrons devenir; ce
qui n'est plus un problème pour toutes les personnes douées de la simple faculté de penser et
de réfléchir, grâce à la haute et sublime politique du Monarque.

Il faut avouer que nos esprits célestes, qui
se sont annoncé, comme les seuls capables de
régir la France et éclairer l'univers, connus
encore sous le nom d'esprits du siècle, ont pro-
mis beaucoup plus qu'ils n'auraient été à même
de tenir. Ils ont d'abord allégué pour prétexte,
quand ils ont vu, effectivement, que la tâche
était plus aisée à promettre qu'à remplir, qu'ils
n'étaient pas libres, que les menées sourdes
auxquelles ils étaient réduits, ne suffisaient pas
pour haranguer et éclairer le peuple, sur ses
véritables intérêts; qu'il faudrait avoir l'autorité
en main, ou la liberté de rédiger un journal à

leur guise, et qu'alors il n'y aurait plus d'obstacles. Mais qu'on savait trop bien où l'un de ces
deux moyens les conduirait, que l'on redou-
tait trop leur mérite et l'influence qu'ils auraient alors sur le peuple, et que ce moyen
leur serait interdit.

Le Monarque qui a médité avec tant de fruits
dans sa retraite, qui a tout pesé, qui a tout con-
sidéré, qui sait alors d'après une salutaire expérience, tout ce dont les hommes sont capables, dirigés en bien ou en mal : le Monarque
qui sait jusqu'à quel point peuvent aller les
excès et l'influence des chefs sur le peuple, ne
saurait se dissimuler les changemens que les
temps apportent sur chaque chose, excepté sur
les lois de la nature, parce qu'elles sont inva-
riables. On peut les aider, les améliorer; et ce
qui n'a lieu alors, qu'en les suivant pas à pas;
mais malheur à celui qui s'en écarte ! car il est
de fait, que les mêmes choses ne produisent pas
toujours les mêmes résultats, etc. Pénétré de
toutes ces vérités, le Souverain, loin d'user
d'aucune loi répressive, à la suite de notre révolution, où il fallait calmer la plupart des esprits, irrités et effrayés par la crainte de recevoir
le châtiment qu'ils avaient tant de fois provo-

qué, en a décidé autrement dans sa haute politique, et a pris le contre-pied, pour arriver
toujours au même but, en les laissant s'écraser
sous leur propre fardeau.

Ce moyen parut d'abord peu salutaire à tous
les gens de bien, qui s'empressèrent de faire
connoître au Souverain, par la voie de l'im-
pression et autrement, les craintes qu'ils en
concevaient.

Mais placé dans des régions infiniment plus
élevées, que celles qu'occupent ses fidèles sujets, embrassant et voyant tout en même temps,
fortifié par une nouvelle expérience (les cent
jours) qui achevait de lui faire connaître son
peuple, il n'a pas plus hésité alors que la première fois à suivre la marche qu'il avait aussi sagement et profondément méditée.

Les résultats que nous ne connaissons seulement que depuis que sa Majesté a préféré accorder, non le ministère à ces pamphlétaires,
mais bien la libre circulation d'une ignorance
la plus grossière, en se disant les seuls capables
d'éclairer le peuple et la nation sur leurs vrais
intérêts. Ces hommes, si clairvoyans, n'ont
pas aperçu, en demandant la libre circulation
de leurs perfides écrits, que c'était la plus ter-

rible punition qu'on pouvait leur infliger, celle de perdre la confiance publique; et d'inspirer le plus profond mépris, même à ceux qui avaient été leurs chauds partisans dans le principe. J'en citerai un dernier exemple.

Trentième livraison de la Minerve, tome III.

« Nous voulons l'indépendance nationale, « dussent les Français l'acheter d'autant de sang « qu'ils en ont déjà versé pour elle »

J'ai ouï dire à un prêtre marié, et marié avec une religieuse, qui avait jeté le froc aux orties pour donner tête baissée dans la révolution, « qu'il avait frémi d'horreur en lisant ce pas- « sage de la Minerve, et qu'il préférerait endu- « rer le despotisme d'un chef, quel qu'il fût, que « de revoir jamais racheter cette prétendue li- « berté, dont nous avons joui * à un pareil « prix ».

S'il était possible de pouvoir supposer la moindre bonne foi à des gens qui raisonnent de cette manière, je leur demanderais ce qu'ils entendent par cette liberté qu'ils réclament encore? Quand depuis sept à huit mois ils se per-

---

* Dans les fers, les cachots et sur l'échafaud.

mettent de tout supposer, de tout dire et de tout affirmer ; quand, sans respect pour la société, ils vont jusqu'à dicter des lois, même à la famille régnante : je crois que c'est là dépasser de beaucoup les limites de la liberté qui a régné à Athènes, Carthage et Rome.

Si les libéraux voulaient consulter l'opinion générale, ils sauraient que jusqu'à présent ils n'ont obtenu d'autre triomphe que celui d'afficher les plus faux principes en politique, et de nous affermir dans ceux que tout honnête homme doit professer pour son Roi et sa patrie. Alors convaincus de cette vérité, ils abandonneraient la bannière qu'ils ont arborée, et se rangeant sous celle des lys, ils rentreraient sans y être forcés dans la classe des citoyens paisibles. En abjurant leurs erreurs, ils recouvreraient l'estime générale, triomphe bien plus désirable que celui de se faire un nom par des maximes empoisonnées ; car c'est courir à la réputation, comme y courait Erostrate, en brûlant le temple d'Ephèse.

Mais prouvons aux libéraux ce qu'on doit penser d'eux quand des hommes tels que ceux que je vais citer, avec les plus nobles intentions, ont cependant commis de grandes erreurs. *

Je puiserai cette comparaison dans la note biographique sur le célèbre Dupont de Nemours, qui a proposé tant de fois des choses utiles qui n'ont pas été suivies. Cette note, rédigée par M. Silvestre, membre de l'institut, qui remarque avec beaucoup de justesse et sa sagacité ordinaire, toutes les bévues des célèbres économistes. Publiée en 1818 à la suite du rapport sur les travaux de la société royale et centrale d'agriculture, nos illustres instituteurs y trouveront, sans doute, que le mérite des personnes que je vais citer, n'était pas indigne du leur aujourd'hui, et peut bien servir de point de comparaison, et ils verront alors, que plus on réunit de connaissances, sans la pratique des choses, et plus on est exposé avec de bonnes intentions, à des erreurs grossières.

On connaît la société célèbre dont M. *Quesnay*, premier médecin ordinaire du Roi, était le chef. Elle était composée de MM. *Mirabeau père*, l'abbé *Beaudeau*, de *Gournay*, de *St.-Péravy*, le *Tarne*, de la *Rivière*, etc. « La plupart ayant « été administrateurs, tous ayant étudié le com- « merce, les manufactures et l'économie poli- « tique ; travaillant sans cesse à rechercher, « quelles étaient les véritables sources de la « puissance et des richesses des nations ; com-

« ment on pouvait ménager et accroître ces
« richesses, et comment on pouvait aussi, soute-
« nir les dépenses de l'administration générale,
« de la manière la moins onéreuse aux parti-
« culiers, etc. »

« Ils ont trouvé, d'après une série de raison-
« nemens spécieux, que toutes les richesses
« provenaient uniquement de la terre, que
« c'était son travail qu'il fallait perfectionner,
« pour accroître ses richesses, etc. »

Accordant ainsi tout le mérite des autres
parties à l'agriculture, on ne peut donc pas
supposer alors, qu'ils n'aient fait usage, et de
bonne foi, des meilleurs moyens qui se trouvaient à leurs portées, pour la faire fructifier.

J'ose le dire, ces moyens ont égalé en efficacité, ceux que Bonaparte a employés, et que
nos libéraux enfantent, et espèrent nous faire
adopter.

Les premiers, avec beaucoup d'instruction,
de la pratique dans les parties accessoires à la
principale, et surtout, de bonnes intentions,
ont perfectionné le premier des arts (et selon
leurs raisonnemens, l'unique), en lui accordant,
conséquemment le *privilége* de payer toutes les
charges du gouvernement.

Le second, s'occupait d'améliorer l'agriculture, en lui arrachant successivement *ses bras*. Cependant, après avoir rempli l'Europe de ses exploits, il jugea, qu'il pourrait manquer de chevaux pour achever de parcourir sa carrière. Il résolut alors de donner des soins à cette branche d'agriculture, et décréta la formation de trente dépôts d'étalons, et de six haras *. Douze années d'expériences, nous mettent à même d'en juger les résultats, et nous font connaître, d'ailleurs, son *tact*, à oublier le *Morvan*, pour lequel je réclame un haras, qui produit des chevaux qui ont fourni des courses beaucoup plus fortes, que celles qu'ont parcourues les chevaux Arabes, Barbes et Anglais ; parce qu'il aura bien pensé alors, que ce serait exposer à la famine les lièvres de ce pays, puisque leur nourriture est la même ; livré comme eux dans les bois, au gré de la nature.

Les troisièmes nos instituteurs, pour éclairer le peuple sur ses véritables intérêts, améliorer son sort, et le placer conséquemment dans la route qu'il doit parcourir, l'arrachent de ses travaux

---

* J'ai démontré dans le Mémoire précité les vices de ce décret et les moyens d'y remédier.

agricoles, pour la lui faire apercevoir, l'entre-
tient, chemin faisant, de politique, oublie de lui
donner les moyens de faire germer *cette espèce de graine*, dans les mauvaises terres qu'il a
à cultiver ; le découragent et étouffent en lui tout
amour du travail. Voilà le *genre d'étude* auquel se livrent *des hommes d'état*, que la
Minerve protége, signale au public et recom-
mande à la bienveillance du Roi. Sous d'aussi
*favorables auspices ; et des moyens aussi fruc-
tueux pour l'agriculture*, que n'a-t-on pas à
esperer? *Voyez* Tome IV ; de la Minerve,
LII livraison, en parlant de M. *Camille-Jor-
dan*, qui, comme ses apologistes, se trouve
vingt fois à chaque page, en contradiction avec
la saine raison. Je ne puis me défendre de quelques réflexions sur cet *ouvrage anti-social*,
pour fortifier ce que je viens de dire. Je sais
qu'elles devraient être classées aillenrs ; mais
lorsque j'ai recueilli le sujet de ces notes, les
autres feuilles étaient imprimées.

Veut-on voir jusqu'où va le délire du libéralisme, et les excès où les entrainent leur
amour pour les idées nouvelles? Rien de ce
qu'ils ont écrit, et qui soit à ma connaissance,
n'approche d'un contraste aussi frappant que ce

qu'on lit dans un article signé Aignan. LII,
livraison du même Journal.

« Convient-il, dit M. A., que le peuple
« soit instruit ? Question absurde! » répond
l'auteur; là, se termine le sens *sublime* de la
discussion.

Comment des hommes qui ne se sont encore
fait connaître, que par des écrits contraires à
la morale (ce qui annonce alors, qu'ils ne
l'ont jamais étudiée, ou que dans le cas contraire, cette étude ne leur a pas été profitable),
osent-ils en donner des leçons ? Que veut
dire la réponse que se fait M. A....? S'il l'a
regardée comme une solution; alors, il nous
autorise à nous servir du même terme qu'il a
employé, et nous disons que c'est une solution
bien absurde.

Si les hommes, en général, qui ont la sotte pré-
tention d'espérer nous régenter, puisaient leurs
principes dans une bonne morale, ils appren-
draient alors, particulièrement MM. Camille
Jordan et Aignan; le premier, que l'on peut
dire du bien d'un *grand homme*, et de notre
république, si toute-fois il y en a à dire, sans
que ce soit au préjudice de personne; que l'on
peut opérer les changemens en bien, qui se

6

trouvent à notre portée et en notre pouvoir, sans qu'ils puisse jamais en résulter ni secousses, ni ruptures fâcheuses ; que les obstacles que l'on peut rencontrer, pour opérer ainsi en bien, comme on l'a fait en mal dans la révolution (malgré ce qu'en dise M. Jordan), ne peuvent s'apercevoir qu'en étudiant la morale, par conséquent les hommes, et alors, seulement alors, on est à même de chercher avec beaucoup de fruits, trouver la cause du mal, ensuite le remède : (Que, sans morale, point de principes ; point de principes, point de morale.)

Je demande actuellement à M. Aignan, qui partage, au suprême degré, le genre d'instruction de ce digne émule, si ce n'est pas un trait du libéralisme en démence, de pousser la générosité, jusqu'à vouloir nous apprendre ce qu'il ne sait pas lui-même.

Car, pour s'ériger le censeur d'une proposition aussi délicate, qui demande alors explication, et sur laquelle, sans la juste et unique détermination qu'elle est susceptible de recevoir, il y a plus à dire contre que pour, il faut nécessairement accorder une grande confiance à une personne, dans la connaissance des hommes, et surtout des français (*), dont l'étude est si compliquée, et particulièrement, dans ce moment, en comparaison de tous les peuples des autres nations, pour s'en tenir aveuglément à l'affirmative de M. A.., sans nous faire connaître autre chose, avec ce que j'ai dit : « *Qu'il fallait élever le peuple* « *au-dessus de la brute, pour lui faire remplir* « *ponctuellement et avec plus de connaissance* « *ses devoirs religieux.* » Cette dernière idée est sublime ; elle ne vient donc pas de M. A..

---

* Dans la distinction que je fais du Français, on ne prétend pas que je veuille le placer au dessous des autres nations ; car de sa propre nature, il est bien supérieur. Tout le monde sait que le climat et le sol y contribuent pour beaucoup, n'ayant rien à désirer de ce côté ; pourquoi irais-je me trouver en contradiction d'un autre ? Doué d'une très-vaste conception, qui lui permet de tout embrasser, une perception aisée, un goût délicat et une imagination qui le tourmente, en le tenant constamment dans une agitation qui exige d'être toujours alimentée, sans lui laisser le moindre vide. Alors, autant il peut faire de bien, encouragé, récompensé et dirigé, autant et sans exception, il peut faire de mal ; dans le cas contraire, si le chef le conduit mal : (non qu'il entre dans ses sentimens de se conduire de cette dernière manière ; mais par nécessité, de sa propre nature, d'être toujours occupé.

qui ne peut, pas plus que les autres hommes, rien innover, mais introduire, dans un lieu quelconque, des novations qui doivent être adoptées et propagées, quand elles sont reconnues bonnes. Alors, il faut que M. A..., s'il ne veut pas être la dupe de son dévouement, ait en réserve des moyens *cachés* pour l'aider à faire sortir le peuple de sa sphère, aussi brusquement, que par l'introduction de cette *innovation*, renouvelée de la révolution. Tandis que l'Eternel, qui a bien prévu les sages dispositions de M. A..., a couru au-devant de tous ses désirs, par *l'ordre* qu'il a établi en chaque *chose*, pour mettre son peuple, d'après *cet ordre*, au-dessus de la *brute*, et placer à sa portée tous les moyens désirables, *en suivant cet ordre*, pour s'élever naturellement, sortir sans danger de sa sphère, s'y conserver, et mériter l'estime et la considération de tout le monde. S'il pouvait arriver que M. A..., faute de n'avoir pas assez réfléchi sur un sujet aussi grave, allât se tromper et empêcher le peuple de profiter d'une aussi belle occasion, et surtout dirigée par le Monarque qui nous gouverne, et qui ne peut, d'après ce qu'il a déjà fait, laisser aucun doute de succès, aurait bien à se reprocher et pourrait lui-même, dans une entreprise aussi louable que sublime, devenir victime en tombant plus bas que la brute, et sa chute, entraîner celle de ceux qui auraient profité de ses *lumières*, pour n'avoir pas *demandé cependant*, avant l'exécution d'une aussi vaste entreprise, quelle différence il existait entre le peuple et la brute : alors, il aurait appris que l'homme, dans son propre état de nature, est déjà bien au - dessus de la brute, qui n'a que de l'instinct, tandis que l'homme en diffère par des formes plus nobles ; étant plus éloigné de terre, il est moins sujet alors à y ramper ; et la plus belle prérogative que lui ait accordée l'Eternel, c'est la faculté de la parole, le pouvoir de réfléchir et de rendre compte de ses idées. Si les sauvages ne réfléchissent pas ou peu, c'est parce qu'ils n'exercent pas ces deux derniers sens * ; ils en sont doués comme les autres, et, en cela seul, ils ont déjà infiniment plus de raison que ceux qui les exercent pour en faire mauvais usage.

------

* Si M. A... avait connu cette particularité, il aurait pu étayer ce qu'il dit de l'Instruction mutuelle, renouvelée des Grecs, qu'elle est fort convenable pour prévenir l'engourdissement des sens.

Certes, le peuple français est aujourd'hui bien plus au-dessus de l'homme dans son état de nature, que l'homme dans l'état de nature n'est au-dessus de la brute. Alors si M. A., comme je l'ai dit, avait demandé au premier venu de ses voisins cette instruction préliminaire (il n'en est pas un qui ne s'y fût prêté de bonne grâce), et il n'aurait pas été obligé de monter aussi haut, par conséquent la chute aurait été moins périlleuse. Je vais essayer de le démontrer en établissant d'autres points de comparaison.

Certainement, elle n'aurait pas été aussi périlleuse et il l'aurait même évitée ; car ces différentes gradations si bien établies lui auraient fait exercer encore davantage les *deux sens* que les sauvages laissent tant *en repos*, et le résultat lui aurait sans doute appris qu'il existe nécessairement une puissance surnaturelle, pour avoir porté à un si haut point de perfection, à proportionner chaque chose, établir un ordre aussi admirable ; et qui eût piqué sa curiosité ; il eût désiré le voir, l'eût aperçu, l'eût suivi, et il eût reconnu enfin, que tous les animaux n'ont que de l'instinct, varié à l'infini, puisque chaque espèce a le sien, qui lui est propre et particulier ; que pas un, dans cette multiplicité, n'en est

mécontent, qu'au contraire, tous suivent, avec
une sorte de reconnaissance, ponctuellement
la route qui leur a été tracée par la nature, et
de laquelle ils ne sont jamais en arrière ni au-
dessous *de l'ordre* qui y est établi, etc. etc.

Hé! à quelles réflexions n'aurait pas été porté
M. Aignan, s'il en était venu là *! en établissant l'énorme différence qui existe entre l'homme
de toute nature, avec la brute, qui n'a aucun
moyen de s'élever, de sortir de sa sphère, de
ne rien pouvoir améliorer, rien perfectionner
et qui est éternellement condamnée à la même
chose, combien le temps doit lui durer? Mais
point du tout, il aurait vu le contraire en re-
marquant l'uniformité de caractère et l'extrême
régularité à suivre avec une sorte d'enchantement, dans ses moindres actions *l'ordre de la
nature.*

Cet ordre, aussi merveilleux, lui eût sans
doute fait *soupçonner* qu'il devait y avoir un
bien grand avantage à le suivre, puisque la brute
qui aurait tant à murmurer de son sort, s'il

_____

* Combien auroit-il pu remarquer de gens d'esprit,
ne s'en servir que pour se placer (de ce côté) au dessou
de la brute?

était possible qu'elle le comparât au nôtre, se serait alors beaucoup plus en droit de s'en écarter ; mais au contraire, c'est précisément d'elle qu'il aurait appris, qu'il devait avoir une plus juste idée de la chose ; je veux dire de l'excessive distance qu'il y a naturellement d'elle à nous, qu'il aurait donc été forcé de reconnaître, que, quand même ce grand ouvrage qui fait toute notre admiration, si on pouvait le soupçonner de la main des hommes (*), qu'auraient-ils fait de plus pour leurs semblables, que ce que l'Eternel a fait pour eux ?.... en les plaçant, pour ainsi dire, à côté de lui, les associant à ses travaux, ayant mis à leur portée tout ce qu'il fallait pour le seconder, améliorer, et perfectionner toutes les parties pour lesquelles ils sont irrévocablement destinés, selon leurs goûts, leurs mœurs et enfin l'accomplissement de tous leurs désirs, quelqu'excessifs qu'ils puissent être, puisque rien ne leur est caché, c'est à eux de choisir **.

---

* La conséquence de cet argument supposé, est que s'ils l'avaient fait, ils pourraient bien le défaire, et il y a même long-temps qu'ils n'existeraient plus.

** Pour choisir et trouver le bonheur, il faut suivre

Si M. A... ainsi que ceux qui partagent ses opinions, se donnaient la peine de réfléchir, ils se convaincraient que tout ce qu'ils peuvent désirer pour eux et leurs semblables, est fait et a existé de toute éternité, sans nous rapprocher de la brute, puisqu'au contraire il n'est pas possible d'en être plus éloigné que nous ne le sommes, sous presque tous les rapports. Néanmoins, il existe une certaine affinité, sous de certains rapports avec les animaux, les plantes, et en général avec tout ce qui a vie*, qu'il n'est pas permis alors à l'homme, pris dans la classe immédiate après celle du sauvage, de pouvoir supposer que ce grand ouvrage soit le travail des hommes, puisque depuis tant de temps qu'ils cherchent à le détruire, ils n'ont jamais pu rien altérer, rien changer dans la nature, que leur raison pour *déraisonner*, et qui a

---

l'ordre de la nature, car il ne peut y en avoir *de véritable ailleurs.*

* Pour être à même de s'en convaincre que l'on examine la médecine vétérinaire comparée à la médecine humaine, la physiologie végétale comparée, et on verra que le résultat de cette première comparaison fournit les moyens d'en tirer de très-judicieuses pour la seconde.

produit les guerres intestines qui ont souvent désolé des royaumes entiers, et même durer assez de temps pour en détruire jusqu'aux derniers fondemens *

Après s'être repus de tant de forfaits, arrive l'âge de se reposer sur leurs trophées » ils cherchent « inutilement, et ils sont toujours obligés de « revenir au point de départ, en se rapprochant de cet ordre de la nature, qui est si monotone pour eux qui ont été bornés à ne voyager que dans le monde entier, tandis qu'il y en a un autre, et n'y avoir pas pénétré! Oh! c'est véritablement bien, selon M. A . . , ce que l'on peut appeler réduire le peuple à l'esclavage, et le laisser trop près de la brute pour ne pas être porté, d'un mouvement spontanée, à chercher

_____

* C'est précisément dans ces momens où les bons moyens ont été enfouis, en majeure partie, dans ces décombres : et quand nous apercevons quelques vestiges de ceux qui ne le sont pas entièrement, nous achevons de les découvrir ; et, pour nous donner le mérite de la Divinité, aux yeux des imbécilles, nous cachons soigneusement les moyens qui nous y ont conduits, et à force de le répéter aux autres, nous finissons par le croire nous-mêmes : de cette racine sort l'arbre de la liberté, le peuplier, si *libéral* dans les fruits qu'il donne.

les moyens de l'en éloigner , par tous ceux qui sont en notre pouvoir, afin de profiter du chemin (*pendant qu'il est encore visible*) qui leur a été tracé, par ceux qui l'avaient bien jugé, et qui leur auraient fait secouer le joug de la nature, auquel ils restaient encore astreints, en escaladant les bornes posées par elle, si elles n'avaient pas été aussi *loin*. Les lumières d'ailleurs n'étaient pas, à cette époque, assez avancées, ce qui les avait fait aussi tromper de chemin ; mais que les *innovations* qu'ils en avaient rapportées, leur en garantissaient actuellement le succès. Que, s'ils rentraient momentanément dans cet *ordre de nature**, que ce n'était que pour donner l'instruction au peuple qui lui manquait alors, et lui faire connaître enfin, ses véritables intérêts, pour n'être plus *la dupe de sa crédulité.*

* Qui les rapprochent , sous tant de rapports , de la brute , toucher , comme elle , d'une extrémité la terre , respirer le même air , boire la même eau , manger les mêmes végétaux , et qui pis est encore , réduit comme elle , à l'esclavage sous un Monarque qui a bien été imaginer , pour mieux leur faire sentir encore leur triste position , d'aller décréter une constitution , qui les fait *rétrograder* en les *rattachant* à la glèbe , pour la lui faire cultiver ! ! !

Que, grâce à cette dernière guerre, on peut donc respirer librement, n'étant plus oppressé par tant de charges qui les accablaient. Jouir du fruit de toutes les innovations, et améliorations qui en résultent, par la vente *des chevaux de races*, que nous fournissons à l'Angleterre ; par la réduction de l'espèce humaine, que la terre ne pouvait déjà plus nourrir *; et que somme totale, selon M. Camille Jordan, notre révolution a produit plus de bien que de mal.

Que n'aurait-on pas à répondre à une semblable monstruosité d'idées ? Mais l'imprimeur me presse ; et il me sera bien plus agréable de rentrer dans mon élément, pour offrir au Roi et à ses ministres, le résultat de mes recherches et de mes travaux dans ma partie.

Il était donc réservé, comme je viens de le démontrer, au digne héritier des vertus et du génie d'Henri IV, de terminer notre révolution

---

* Ensemensées des *graines de la Minerve* : mais par d'autres (des céréales) plus elle a de bras (n'oubliant pas, comme ils l'ont fait), d'indiquer la manière de les bien approprier à chaque terre, et plus elle devient de plus en plus fertile.

d'une manière aussi extraordinaire que sublime! d'apprendre aux hommes, qui n'ont jamais réfléchi et médité sur leurs propres existences, que l'on ne doit pas plus se fier, pour en faire parade, sur les lumières, que sur la fortune et la santé, que le moment où nous croyons le mieux les posséder est celui où ils fuient et nous échappent; et qu'enfin, c'est à ce digne Monarque qu'il était encore réservé d'accomplir la prédiction de son auguste aïeul (qui l'avait bien jugée quoiqu'aussi éloignée), « de faciliter les moyens aux cultivateurs, de « mettre la poule au pot le dimanche. »

Il sera bien bien difficile, pour ne pas dire impossible, à M. Camille Jordan et à tous les Minerviens du monde, d'établir jamais en fait, qu'un Souverain puisse être grand, dans un pays agricole, sans s'occuper d'agriculture! autant vaudrait dire qu'on construit un édifice solide, sans fondement.

Hé! qu'ils cessent donc désormais de nous importuner, s'ils persistent dans leurs métaphysiques, qui ne leur permet pas d'approcher de choses aussi simples, et qui ne peut leur laisser que les *principes* de notre langue.

FIN.